Eduard Fentsch

Maipredigten

Eduard Fentsch

Maipredigten

ISBN/EAN: 9783743339866

Hergestellt in Europa, USA, Kanada, Australien, Japan

Cover: Foto ©Lupo / pixelio.de

Manufactured and distributed by brebook publishing software (www.brebook.com)

Eduard Fentsch

Maipredigten

Maipredigten

von

Frater Hilarius.
(Eduard Fentsch.)

Fünfte Auflage.

Eingeleitet

von

Ludwig Steub.

Berlin,
Verlag von Robert Oppenheim.
1878.

Eduard Fentsch war der Sohn eines Beamten, der aus einem protestantischen Oertlein der Oberpfalz stammte und von da nach München gekommen war, daher protestantischer Münchener aus altbayerischem Geschlecht, eine Spielart, die zur Zeit seiner Geburt, welche ins Jahr 1813 fällt, in München noch sehr selten vorkam. Aber wenn seine Ahnen auch schon vor dem Schwedenkrieg in der Ledergasse oder am Radlsteg daselbst wohnhaft gewesen wären, er hätte seiner Vaterstadt nicht mit mehr Anhänglichkeit ergeben sein können. Gleichwohl stellte sich sein Münchenerthum äußerlich nicht augenfällig dar. Er hat selbst unsere alte und edle Mundart nie mit philologischer Akribie zu sprechen gelernt, auch von sonstigen Stammeseigenthümlichkeiten sich nur die empfehlenswerthen beigelegt. Ueberraschend war immerhin die angeborne Eleganz, die in seinem ganzen Wesen lag, in seinem Thun und Lassen, in seinem Reden, ja selbst in seiner ungewöhnlich schönen Handschrift. Als wohlgestalter wohlerzogener Jüngling würde er sich in den feinen Cirkeln gebildeter Vornehmheit, wenn wir deren hätten, eben so leicht und angenehm bewegt haben wie beim Steffelbauern am Hagenberg oder beim Ostler hinterm Bach zu Garmisch, denn er war auch dem Landvolk freundlich zugethan und verbrachte viele heitere Stunden in den Bauernstuben. Nach glücklich vollendeten Studien ging er aus, einen Beruf zu wählen und gerieth ins Finanzfach, wo er bald Rechnungscommissär wurde und allmählich durch verschiedene Stellungen in die Würde eines Regierungsdirectors hineinalterte, in welcher er zuletzt auch das Zeitliche gesegnet hat. In diesen verschiedenen Stellungen hat er viele Millionen Ziffern unter den Händen gehabt, die Grund-, Gewerbe- und Capitalsteuern auf hunderttausend Seiten zusammengezählt, revidirt und roth angestrichen, hin und wieder auch subtrahirt, multiplicirt und dividirt, kurz seines Amtes immerdar mit Fleiß und Eifer gewaltet. Ueber solcher Beschäftigung brachte er mehr als ein Menschenalter zu; sie hat aber, obwohl auch in diesem Stande das Bewußtsein erfüllter Schuldigkeit erhebend wirkt, doch einen elegischen Schein auf sein Leben geworfen; denn eigentlich wäre er viel lieber Dichter als Rechnungscommissär, lieber Lyriker als Revisor gewesen. Er fand sich daher seinen Standesaufgaben gegenüber immer in einer Stimmung, welche jeder kennt, dem die Noth des Lebens die Pflicht auferlegt:

propter vitam vivendi perdere causas.

Wer dabei war, erinnert sich gewiß noch an das Maifest der Künstler, welches 1839 im kühlen Buchenhain oberhalb Hesselohe gefeiert wurde, und an das Erstaunen, das sich da kundgab, als ein damals noch unbekannter Paladin von vierundzwanzig Jahren, mit wallenden Haaren, edlen Zügen und einnehmender Gestalt, auf ein Faß stieg und mit wohlklingender Stimme eine „Mai-Predigt" hielt, welche jeden

> „Dem der Jugendtraum noch nicht verflossen,
> Dem Blüthen nach innen und außen sprossen,
> Dem noch der Mai im Herzen lebt,
> Den Dichtung noch zum Himmel hebt,
> Den noch des Frühlings Lieder locken,"

freundlichst einlud, „mit den herzlieben Gesellen und Cameraden" sich der Frühlingswonne hinzugeben und einen freundigen Lenztag zu begehen. Alles fragte überrascht, wer denn der junge Mensch und fröhliche Prediger sei, und man vernahm dann: eigentlich sei er Staatsdienst-Aspirant sowie ein heimlicher Dichter, und führe den kurzen, aber unerklärlichen Namen Fentsch; als Poet dagegen nenne er sich Frater Hilarius.

Von da an merkte man sich den einen wie den anderen Namen; deren Träger aber erschien mit jedem jungen Jahr bei der Künstler Frühlingsfest im grünen Wald und hielt seine freudig erwartete und mit schallendem Beifall aufgenommene Mai-Predigt. Ueberdies ging aus dem Dichter bald auch ein Redner hervor. Diese

Doppelgabe führte ihn zu hohen Ehren in der Sängerwelt — er wurde Vorstand der Münchener Liedertafel und zuletzt ein Oberhaupt, ja Ehrenpräsident des bayerischen Sängerbundes. Auch an der Gründung des großen Bundes, der alle deutschen Sänger vereint, hat er thätig theilgenommen.

Er dichtete auch im Vormärz, z. B. im Jahre 1845, schon freisinnig, als er den Künstlern, ihren Frauen und Töchtern im säuselnden Buchenhaine vorsprach:

„Wir harren der Stunde
Wo ein heiliger Frühling in alle Welt
Seinen ersehnten Einzug hält:
Ein Frühling für unser frommes Hoffen,
— Längst steht für ihn die Pforte offen —
Ein Frühling für unsere knospende Liebe,
Daß sie doch einmal Blüthen triebe:
Ein Frühling, fessellos sich entfaltend,
Blüthenlockend, mit Segen waltend
Für unser Recht, für Glaube und Wahrheit,
Ein Völkerfrühling voll Morgenklarheit,
Der in alle Herzen sich ergießt
Und das Keimblatt sprengt, das die Freiheit umschließt! Amen!"

Als Dichter und Redner der Sänger zu München erhielt unser Fentsch aber auch höchst ehrenvolle Missionen in die Außenwelt. So vertrat er sie als Gesandter dichtend und sprechend bei dem Maifest des Liederkranzes zu Regensburg (1847), welches eines der ersten im Lande Bayern gewesen ist, dann 1861 bei dem herrlichen, unvergeßlichen, prachtvollen, riesengroßen deutschen Sängerfeste zu Nürnberg, wo er unter allen Gästen vielleicht der gefeiertste war und durch seine „Predigt" unermeßlichen Enthusiasmus hervorrief; ferner beim deutschen Künstlercongreß in Salzburg 1862 und desselbigen Jahres beim ersten deutschen Sängercongreß in Coburg, 1863 bei dem Künstlertag in Weimar. Wo er erschien, wurde er freudigst begrüßt. Wenn er mit seiner klangvollen Stimme zu sprechen begann, so lauschten Männlein wie Weiblein in seliger Wonne seinen Worten und beneideten die Münchener um ihren ausbündigen Sprecher.

So wuchs er denn auch bei uns gar bald zum Herold und Ehrenmarschall der Freude für Stadt und Land heran — er mußte bei allen Festen seinen Rath geben und, wenn's nur möglich war, den Herrscherstab, das Dichter- und Rednerant übernehmen. So wurde er auch das Haupt und die Seele des großen Ausschusses, der zur Feier des siebenhundertjährigen Jubiläums der Stadt München sich zusammen gethan hatte, und es dahin brachte, daß die kühle Geschichte unserer jetzigen Metropole damals (1859) so warm gefeiert wurde. Das große Fest der deutschen Sänger, welches wir 1874 zu München begingen, war das letzte, bei dem er noch in alter Rührigkeit mitthun konnte. „Wer unter den Münchenern," sagt ein Festgenosse, „erinnert sich nicht seiner damaligen Festrede, wohl der besten, der schwungvollsten unter allen welche zu hören waren? Sie war sein Schwanengesang, mit dem er Abschied nahm von der glänzenden Welt, welche so oft ihre Strahlen auf ihn mit den edlen, männlich stolzen Zügen zurückgeworfen hatte."

Aus diesen wenigen Nachrichten ist aber vielleicht in vielen Lesern schon ein ganz falsches Bild erwachsen — sie denken sich etwa unseren Freund als einen leichtsinnigen Zeitvergeuder und fidelen Zechbruder, als ein gemüthliches „Nachtlicht," wie es deren so viele gibt, die ebenfalls Dichter und Redner, noch öfter aber keines von beiden sind; allein diese Muthmaßung trifft nicht zu. Vielmehr ging durch sein ganzes Leben ein ascetischer Zug; seine Gesundheit war nie sehr fest und er hatte sie immer sorglich zu schonen. — Er saß in seinen Junggesellenjahren gewöhnlich, und als er sich eigenen Heerd gegründet, des Abends fast immer zu Hause, aß nicht viel und trank fast nichts. Den Humpen, der ihm an den Sängerabenden vorgesetzt wurde, ließ er meist unberührt. Erst wenn er später nach Hause kam, meinte er oft: jetzt würde ihm doch das Krüglein schmecken, aus dem er den ganzen Abend zu schlürfen vergessen hatte.

Ueberhaupt war ihm lustige Unterhaltung, Liedersang und Ohrenschmaus nicht das Höchste in seinem Streben. Er war nicht „der Töne Meister" wie Arion, keine Cither lebt' in seiner Hand, und auch den Generalbaß hat er nie studirt. Dagegen glaubte er, wie andere warme Herzen in den Zeiten der Erwartung, daß neben dem verdienstvollen Bundestag auch noch andere Tage zu feiern wären, welche das Gefühl der nationalen Einheit und die Hoffnung auf eine schönere Zukunft lebendig halten sollten. Und dieser Gedanke war es wohl auch, der ihn bei so vielen festlichen Tagen mitthun ließ und ihm eine Thätigkeit anflud, die viele Zeit verschlang und nicht immer ohne Verdruß dahinging.

Die Sängerfeste waren vor dem Jahre 1848 und in den freudelosen Zeitläuften, die ihm folgten, ja doch eigentlich das deutsche Parlament, die deutsche Nationalvertretung, nur ohne die widerwärtigen Zänkereien, die wir jetzt in dieser gewahren. Freilich kam es im Jahre 1866 vor, daß die begeisterten Sänger mit bleiernen Kugeln auf einander schießen mußten, aber sie versöhnten sich doch bald wieder, und konnten mit einigem Fug behaupten, daß das Deutsche Reich bei Wörth und Sedan nicht erkämpft worden wäre, wenn sie es nicht vorher schon ersungen hätten.

In späteren Jahren hatte Eduard Fentsch ein niedliches Landhaus bei Garmisch erworben, wo er mit seiner Familie im Angesicht der herrlichen Zugspitz die Urlaubszeit verbrachte — in früheren Jahren ging er gern auf Reisen, wenn sie auch nicht weiter langten als ins bayerische Gebirg oder ins schöne Land Tirol.

Eduard Fentsch war auch ein deutscher Schriftsteller, leider nur ein süddeutscher und, was noch ärger, ein altbayerischer. Er redigirte jahrelang die „Cornelia," das Taschenbuch für deutsche Frauen, welches G. G. Lange zu Darmstadt herausgab. Er widmete dem Almanach jedes Jahr wenigstens eine Novelle, oftmals auch einige Gedichte. Im Jahr 1853 übernahm er nach Lentners Tode die Aufgabe, welche König Max II. diesem anvertraut hatte, nämlich zu allerhöchster Belehrung die Denkwürdigkeiten des Königreichs (Volkskunde, Ortsgeschichte u. s. w.) zusammenzustellen. Dazu erhielt er einen fünfjährigen Urlaub und verlebte nun bis 1858 die Sommermonate in der Oberpfalz und in den fränkischen Landen. Das waren wohl seine besten Zeiten! Später hatte Feutsch diese Aufzeichnungen auch für die „Bavaria" zu bearbeiten. Einmal, im Jahr 1855, ließ er bei Gebrüder Scheitlin in Stuttgart „Fragmente aus dem Tagebuche meines Oheims" unter dem Titel „Lichtes und Dunkles" erscheinen. Im Jahr 1870 trat eine liebliche Novelle aus Licht, welche den Titel „Aus der Tiefe" führt; im selben Jahr ein Roman in drei Bändchen, „Non possumus" genannt, der aber nicht in den vaticanischen Gärten, sondern in den bürgerlichen und aristokratischen Kreisen eines deutschen Kleinstaates spielt. Sein Roman wurde von den Stimmen des Auslandes sehr günstig besprochen und viel belobt, im Inland aber mit jener Gleichgültigkeit aufgenommen, welche man heimischen Schriftstellern schuldig zu sein glaubt.

Mit der Zeit war aber ein Leberleiden, daß ihn schon früher oft gequält hatte, immer schmerzlicher geworden. Vor drei Jahren litt er an einem schweren Anfall, der den ganzen Sommer dauerte, und als er sich wieder nothdürftig erholt hatte, traf ihn die Beförderung und Versetzung als Regierungsdirector nach Augsburg. Wer ihm damals zu gratuliren ging, fand ihn in Thränen. „Kaum bin ich von den Todten wieder auferstanden, so muß ich jetzt in diese fremde Welt!" Man fühlte leicht heraus, wie innig er an seinem München hing. So verlegte er denn seinen Herd nach Augsburg, wo er aber fortwährend kränkelte und am zwölften Februar 1877 von seinen bitteren Schmerzen erlöst wurde.

Nach seines Herzens Wunsch ward er auf dem alten Friedhof zu München in die kühle Erde gelegt. Es war ein volkreicher Zug, der ihm die letzte Ehre erwies. Außer seinen Collegen und Vorgesetzten waren mit allen ihren Fahnen auch die Genossenschaften der Münchener Sänger und die Gesandten der oberbayerischen Vereine erschienen; überdies die Künstler und die Dichter, auch die Mitglieder der „Zwanglosen," die er in langen Jahren so oft durch seinen Witz erheitert hatte.

Ed. Fentsch lebte seit dem Jahr 1847 in glücklichster Ehe mit einer Tochter des wohlbekannten Professors Ennemoser, der, ein geborner Passeyrer, 1809 der Geheimschreiber Andreas Hofers, später Lützow'scher Jäger, zuletzt, nach mancherlei Schicksalen, als magnetischer Arzt zu München lebte und durch seine Curen großen Ruf erlangte.

Und so ist er denn auch dahingegangen, unser edler Freund — in allen Stücken ein Vertreter der Kalokagathie, wie sie das Alterthum pries — eine männlich-schöne Gestalt, ein wohlwollendes liebenswürdiges Naturell, ein Dichter und ein Redner, witzig und geistreich, gewinnend und einnehmend, unverzagt und schlagfertig, dabei anspruchslos und bescheiden, freisinnig und für das Vaterland begeistert, eh' es noch recht erlaubt war, ein vortrefflicher Deutscher, ein guter Münchener und doch eine echt hellenische Persönlichkeit — vielleicht die erste ihrer Art, die an der Isar vorgekommen.

München, im Frühjahr 1878.

L. Steub.

Widmung.

In jenen längst verklung'nen Tagen,
Als noch in unserm Lockenhaar
Des Jugendtraums Thauperlen lagen,
Als Wiese noch und Wald und Hag
— Voll Finkenpfiff und Amselschlag —
Der Zeuge unsrer Wonne war;
In jener Zeit begeisterter Bewegung,
Da gleich der Welle in dem Ozean
Hoch ging die Fluth poetischer Erregung;
Da uns noch fesselte der Dichterwahn,
Als sei die Welt ein Chor melod'scher Klänge;
Da wir, betäubt von ihrem Duft,
Die Rosen brachen vom Gehänge,
Und ihre Blätter streuten in die Luft;

In jenen Tagen war es, Ihr Genossen,
Daß ich zuerst mit meinem wilden Reim,
Der von der Lippe mir — wenn nicht wie Nek=
                                   tarseim, —
Wie wilder Bienen Honig doch geflossen,
Manch' Freudenruf und manchen Jubellaut
Den jungen Kehlen Euch entlockte,
Daß ich geglättet manch falt'ge Stirne,
Und manche grämliche, verstockte
Philisterseele aufgethaut,
Ja, daß mich hie und da selbst eine Dirne
Holdselig lächelnd angeschaut, —
Vielleicht, daß auch ihr Herz dabei geschla=
                                   gen! — —
So war's in jenen längstverklungnen Tagen.

Nun ist der Jugend Springfluth wohl ver=
                                   rauscht,
Des Frühlings duftige Lasur
Sie wich des Sommers satter Farbe,
Die Blume machte Platz der Garbe,
Bis endlich auf der weiten Flur
Die blasse Herbstzeitlose nur
Die Rolle mit den Rosen eingetauscht.

Jetzt hat der Winter gar mit eis'gen Flocken
Die letzte Blume weggefegt,
Selbst unsre Scheitel hat er bloß gelegt
Und abgetont den letzten Rest der Locken.
Zu allem Ueberflusse thürmen
Die Wolken dunkel sich in Ost und West,
Es gibt die Zeit mit ihren tollen Stürmen
Selbst dem unsterblichen Humor den Rest!

Und dennoch — — während wir als müde
           Kunden
Am Heerweg hinken, finden wir am Rain —
Im staub'gen Radgeleis — am Meilenstein
Das ein' und and're Blatt, ein welkes Kind,
Das wir dereinst im Rausche junger Stunden
Wie Dichtersamen streuten in den Wind!
Der Mühe lohnt sich's wohl, es aufzuheben;
Wenn auch vergilbt, — ein bischen Farbe ruht
Ein bischen Duft noch in den Zellgeweben,
Und in der Hand erwärmt sich ihm das Blut.
Es zittert die Membrane! Fein und zart,
Gleichwie gelockt von magischen Gewalten,
Erscheint zuletzt in kenntlichen Gestalten,
Was vor Jahrzehnten drauf geschrieben ward.

Nur schnelle her mit Griffel und mit Stift!
Was auf dem welken Blatt wir lesen,
Bring' uns Gewinn. In der Erinnerung
Wird auch der ält'ste Bursche wieder jung,
Und freut sich dessen, was er einst gewesen! —

Ich hab's gewagt, die alte Schrift
Mit Druckerschwärze wieder aufzufrischen,
Und Euch, Ihr Freunde, in dem kleinen Buche
Die Reste unsres Festmahls aufzutischen!
Euch biet' ich es mit meinem Segensspruche
Als eine freundliche Reminiscenz
An unsrer Jugend wonnesamen Lenz!

München, im Februar 1867.

Fr. Hilarius.

Erſte Predigt.
Künſtler-Maifeſt 1839.

Vernehmet, o Freunde, zuvörderſt das auf den heutigen Tag treffende Evangelium, das ſich aufgezeichnet findet im großen Buche der Natur, auf jedem Blatte, worauf der Frühling ſeinen thauigen Kuß gedrückt, in jedem Verſe, den uns Lerche, Amſel oder Spatz vorſingen. Allda ſteht geſchrieben nach der zierlichen Verdeutſchung unſeres Apoſtels Uhland:

„Die linden Lüfte ſind erwacht,
Sie ſäuſeln und weben Tag und Nacht,
Sie ſchaffen an allen Enden.
Die Welt wird ſchöner mit jedem Tag,
Man weiß nicht, was noch werden mag,
Das Blühen will nicht enden!
Es blüht das fernſte, tiefſte Thal;
Nun, Herz, vergiß nur jede Qual,
Nun muß ſich Alles wenden!"

Herzliebe Gesellen und Kameraden!
Unser Herrgott hat uns eingeladen,
Daß wir zu Ehren des ersten Mai
Abhalten eine fröhliche Gasterei.
Allhie das Wirthshaus zur grünen Linde
Ließ er schmücken mit Laub und Blumengewinde,
Mit goldenen Freskobildern verzieren,
Und von der Sonne austapezieren.
Auf den Rasen, der etwas eingeschlagen,
Hat er frischen Firniß aufgetragen,
Und den jungen Amseln in den Zweigen
Hieß er, uns etwas vorzugeigen.
Auf den Tischen pranget allzumal
Die Glockenblume als Festpokal,
Und die Veilchen wollen so freundlich sein,
Uns zum Champagner die Kelche zu leih'n;
An der Schenke aber kredenzt den Wein
Der flotte Bursche „Waldmeisterlein!"

Den Schlüsselblumen ist befohlen,
Den Saal zu öffnen, sobald wir wollen;
D'rum säumt nicht länger und eilt herbei,
Ihr findet hier wackere Cumpanei!
Maikäfer, Waldvögel und Libellen

Und andere fröhliche Gesellen,
Die mit Singen und Summen, mit Flattern und
                              Schwirren
Die Intermezzo's arrangiren! —

Doch — da bei keinem Festbankette
Es fehlen darf an Etikette,
So ist mir durch höchste Ordre geheißen,
Euch Eure Plätze anzuweisen.

Zu oberst sitze die Jugend frank!
Ihr thut unser Hergott Alles zu Dank,
Ihr läßt er verkünden durch meinen Mund,
Daß sie, die Elite der Tafelrund',
Sich halten soll in seiner Nähe,
Damit die ganze Welt es sähe,
Wie ihm die Jugend mit ihrer Poesei
Das Liebste seiner Schöpfung sei.
Doch darf sie der Vorsitz nicht geniren
Im Fröhlichsein und Jubiliren;
Denn wo unser Herrgott läßt Tafel halten,
Darf heiterer Anmuth Geist nur walten,
Dieweil seit dem neuen Testamente ihm
Welthaßender Groll und finsterer Grimm,

Der am Herzen wie eine Hyder frißt,
In tiefster Seele zuwider ist.
Ist er, wie die Schöpfung es Euch beweist,
Doch selbst ein ewig junger Geist,
Der sich freut, aus dem Verstorb'nen und Alten
Neues, junges Leben zu gestalten,
Der in wunderbaren Metamorphosen
Aus dem Winter zaubert des Frühlings Rosen! —

Doch — versteht mich alle nur recht und klar:
Trägt mancher schon helles Silber im Haar,
Ist doch wohl noch im Herzen jung —
Das ist für unsern Herrgott schon genung.
Einen solchen ladet er freundlich ein,
Daß er ihm sollte der Nächste sein.

Was sonst an düst'rer Schwärmerei,
An Griesgram, an Melancholei
Und Trübsinn leidet, das Alles sollt'
Unten sitzen, so weit es wollt'.
Am besten, dächt' ich, wär' es schon,
Derlei Leute blieben ganz weg davon,
Damit wir, wenn's Gott selbst nicht wehrt,
Unsre Freude genießen ungestört!

Drum — wem der Jugendtraum noch nicht
                              verflossen,
Wem Blüthen noch innen und außen sprossen,
Wem noch der Mai im Herzen lebt,
Wen Dichtung noch zum Himmel hebt,
Wen noch des Frühlings Lieder locken,
Hab' er Gold am Haupt oder Silberflocken;
Den soll ich hiermit laden ein,
Mit uns ein fröhlicher Gast zu sein!
Es wird hier jedem sein gutes Theil,
Mit dem Zahlen hat's just auch kein' Eil';
Denn wo unser Herrgott die Wirthschaft führt,
Wird Alles gratis regalirt! Amen.

Zweite Predigt.
Künstler-Maifest 1840.

Geliebte in dem Herrn! Unser Text, wie ihn der selige Evangelist Goethe für den heutigen Tag bestimmt hat, findet sich aufgezeichnet in dessen Apokalypse, von den Sterblichen auch Faust genannt, und lautet daselbst folgendermaßen:

„Doch ist es Jedem eingeboren,
Daß sein Gefühl hinauf und vorwärts dringt,
Wenn über uns, im blauen Raum verloren,
Ihr schmetternd Lied die Lerche singt;
Wenn über schroffen Fichtenhöhen
Der Adler ausgebreitet schwebt,
Und über Flächen, über Seen
Der Kranich nach der Heimat strebt."

Natur, du Säule zum Himmelsdom!
Du Blüthe am ew'gen Zeitenstrom!
Du Perle im Meer der Gottesgedanken!
Du Palme, die will zum Himmel ranken!
Wohl zieht's den Geist mit mächt'gem Drang
Zum Himmel auf, die Wolken entlang,
Wann du in süßen Liebesweh'n
Sehnsuchtsvoll harrest auf's Auferstehn;
Wann dir der Frühlingskünder ruft zu:
„Hochheilige Schöpfung, erwache du!" —
Seit deine Apostel und Gesandten
Den Tod aus deinen Räumen bannten,
Leuchtet uns ein Liebesparadies
Aus deinen Blüthen und Düften süß;
Lesen wir in deinem Heiligthum
Das schönste Evangelium.
Wann über uns der Eiche Grün
Zum hohen Dom sich wölbet hin,
Wann deine Glockenblumen klingen,
Die Lerchen das Te Deum singen,
Und brennen deine Königskerzen:
Dann ahnen's alle Menschenherzen,
Daß ihres Gottes freundlichster Prophet
Zu neuem Leben aufersteht,

Zu künden ihnen in harmonischer Paarung
Tradition und Offenbarung!
Und ob auch manches anders tönt,
Als wir zu glauben sind gewöhnt; —
Wer mag wohl haben die rechte Spur,
Der Mensch mit seinem Dogma, oder die Natur?
Es schlingt sich der Epheu frei und frank
Mit aller Lieb' um die Eiche schlank,
Spricht Menschenwitz und Satzung Hohn,
Fragt nicht nach Adel und Confession! —
Auf jede Blumenwiesenflur
Schreibt ihre Sternenschrift die Natur,
Kündet frei ihre Idee'n und Gedanken,
Kümmert sich wenig um des Preßgesetzes
Schranken. —
Es leben in regem Arbeitssinn
Die Bienen und die Ameisen hin,
Und ist ihnen doch aus Gottes Hand
Noch keine Dienstespragmatik bekannt. —
Wann über's Meer die Schwalbe zieht,
Nimmt sie keine Auslaßscheine mit,
Bezahlt von Zöllen keine Spur,
Obwohl kein Zollverein in der Natur. —
Es schreitet der Hirsch den Wald entlang,

So frank und frei, ihm ist nicht bang,
Er finde wo einen heimischen Heerd,
Ohn' daß man einen Heimatsschein begehrt! —
Und doch herrscht in dieser Monarchie
Die wundervollste Harmonie,
Die reinste, göttlichste Religion,
Die erhabenste Volkskonstitution!
Es lebt in ihr ein hoher Geist,
Der den Weg über Welt und Wolken weis't;
Der uns die Seele so mächtig dehnt,
Daß sie sich in der Schöpfung aufzulösen sehnt;
Der in das Herz wie Morgenschein
Mit seiner Seligkeit leuchtet hinein!

Drum folgen wir, hochheilige Natur,
Ununterbrochen deiner Spur,
Du, aller Künste Schaffnerin,
Du, alles Wissens Lehrerin,
Du Meisterin aller Versifex,
Du bester Gottesrechts=Codex,
Du Ordnerin im Kleinen wie im Ganzen,
Du musterhaft Ministerium der Finanzen,
Du ewig aufgeschlagenes Brevir —
Wir folgen dir, wir folgen dir,

Bis auch uns, wie dem Kranich in unserm Text,
Der Fittig zum Heimatsfluge wächst,
Und wir über dieser Endlichkeit Schranken
Zum ewigen Frühling aufwärts ranken!
Bis auch uns aus unserer Wintergruft
Des Weltenfrühlings Aufgang ruft,
Daß wir dann seine sieben Himmel genießen,
Ob wir Christen, Juden oder Türken hießen,
Ob wir aus Osten oder Westen kamen! —
Dazu verhelf' uns unser Herrgott! Amen!

Dritte Predigt.

Künstler-Maifest 1841.

Geliebte! Der Text zu unserer heutigen Predigt, als am Tage vor Jubilate, der aber selbst Jubilate heißen sollte, steht geschrieben im „Zur und Pfui des Lebens", von dem ehrwürdigen Pater Abraham a Sancta Clara. Allda sagt derselbige vom Frühlinge: „Willkomm du edle Jahreszeit! Was kann doch den menschlichen Augen annehmlicheres fallen, als der Frühling, indeme die Erde dazumal wieder ein neues Kleid anzieht, die so lange Zeit von dem groben Winter bis auf's Hemde ausgezogen gewesen. — Ich rathe einem frommen Christen, er möchte sich doch bei schöner Frühlingszeit niedersetzen in das Gras, das nächste beste Blümel oder Kräutel abbrechen und selbiges wohl betrachten. Hieran kann er ein feines Sinnbild nehmen seines gebrechlichen Lebens, bei dem es heißt: heut roth, morgen todt; heut ein Zier, morgen eine Schmier; heut ein

Schmaus, morgen ein Graus; heut laut, morgen ein Schatten an der Wand; heut im Freihof, morgen im Friedhof; heut noch Huy, morgen schon Pfuy!"

Der Segen des Frühlings begleite uns bei Betrachtung dieser erbaulichen Worte!

Einst kam zu Pater Abraham,
Dem Augustiner Barfüßer lobesam,
Ein altes Jüngferlein und fragt um Bescheid,
Was sie thun sollt' für ihrer Seelen Seligkeit.
Sie wollt' gern beten und sich kastei'n,
Würd' nur ihr Seelenheil dabei gedeih'n.
Der ehrsame Pater darauf sprach:
„Was nützt euch's, zu plappern den ganzen Tag,
„Zu beten, daß das Maul euch staubt,
„Einzuäschern euer altes Haupt,
„Mit einem Sack Bücher in die Kirch' zu waden,
„Daß man mit kunnt' ein Dromedar beladen?
„Was nützt euch's, mit Geiseln eurem Rücken
„Das bayrische Wappen aufzudrücken,
„Daß es scheint, der Teufel hätt' sich vermessen,
„Euch ein blaues Mieder anzumessen?
„Unser Herrgott hat die Welt erschaffen,
„Daß wir sie freudig beschau'n und begaffen,

„Dabei seind lustig und guter Ding',
„Achten kein' irdisch' Freud gering. —
„Geh' hin, sei fromm, gottselig und gut;
„Doch dabei fröhlich und wohlgemuth." —

O Pater Abraham a Sancta Clar'!
Wie hast du gesprochen recht und wahr!
Was sollen wir vertrauern uns're Lebenszeit
Mit memento mori, mit Reu und Leid,
Da wir sind eine Blume, die bald verdirbt,
Die heute blüht und morgen stirbt,
Die heut vor dem Busen und morgen vor dem
Besen,
Die heut noch reich und morgen eine Leich',
Die heute ihr Mäßlein Thau noch trinkt,
Und morgen schon welk zur Erde sinkt! —
Nein! laßt uns froh sein in Zucht und Ehr',
Das macht unserm Herrgott kein Beschwer,
Insonders jetzt, da der Frühling kommt,
Wo mehr ein Contento als Lamento frommt;
Der uns mahnt an die Jugend, die uns noch sproßt,
Die gleich sein soll einem Faß mit Most,
Dem man bisweilen muß Luft gewähren,
Daß es drinn kann ordentlich brausen und gähren;

Die gleich sein soll einem Bogen gut,
Den man auch nicht immer spannen thut;
Die gleich sein soll einem edlen Gaul,
So auch nicht immer die Zügel im Maul! —
Ach, die Jahre nah'n nur allzubald,
Wo der Kopf aussieht, wie ein gelichteter Wald;
Wo der Schimmel mit uns Bekanntschaft macht,
Keine Dirne uns mehr in's Auge lacht;
Die Zeit, wo die Wange mit aller Gewalt
Wie ein luftleerer Dudelsack zusammenfallt;
Wo uns das Podogra ohne Pardon
In die Füße legt eine ganze Garnison
Von Piquenirern und Nadelmachern,
Die mit Stichen, wie die Juden mit Lumpen
                              schachern!

Ja, Freunde! es gilt ein ernsthaft Wort:
Die Jugend dauert nicht ewig fort! —
Wie uns die alte Märe erzählt,
Daß Throneck Hagen, der grimme Held,
Den Nibelungenschatz versenkt im Rhein,
Daß drob die Wogen brachen herein,
Und fürder kein Menschenkind, fern oder nah,
Das edle Gut mehr wieder sah:

So wird das Alter, eh' wir's glauben,
Der Jugend gold'nen Hort uns rauben
Und senken tief in den Strom der Zeit,
Daß drob sich bricht der Wellen Streit,
Daß er drunt' ruht — eine Wogenbraut,
Kein sterbliches Auge ihn wieder schaut,
Und nur eine Mahnung, ernst und düster,
Noch davon kündet, wie des Schilfs Geflüster
Am Wormser Gestad und hinan die Fluth
Vom Nibelungen erzählen thut! —
Drum laßt uns genießen den kurzen Traum;
Er schwebt vorüber, geahnet kaum,
Er stirbt so schnell, wie Maienblüth',
Wie Gischt, der auf dem Weine sprüht. —

So gebe Gott einen frischen Sinn,
Ein fröhlich Herz, da ich jung noch bin,
Mir und der ganzen Christenheit
Von nun an bis in Ewigkeit! — Amen.

Vierte Predigt.

Künstler-Maifest 1842.

„Und die Welt ist so schön und der Himmel so blau,
Und die Lüfte wehen so lind und so lau,
Und die Blumen winken auf blühender Au,
Und funkeln und glitzern im Morgenthau,
Und die Menschen jubeln, wohin ich schau!"

Diese Stelle aus dem „Buche der Lieder" bilde den Eingang unserer erbaulichen Betrachtung. Der Frühlingswecker mache die Dichtung zu einer unsterblichen Wahrheit, auf das männiglich an einem jeglichen Tage ausrufen könne mit allem Rechte: „Und die Menschen jubeln, wohin ich schau!"

Nun aber, Geliebte, laßt mich Euch bringen die freundliche Kunde vom Frühlinge, und wie er kommen ist in unser Ländlein!

Der Wald ward laut, es grünte die Wiese;
Da kam der Mai an die Accise
An der Landesgrenze, wohlgemuth,
Ein Liedlein trillernd, ein Sträußlein am Hut, —
Ein Bursche, edel, leicht und luftig,
Augen wie der Fink und den Athem duftig.
Dem Sonnenglast glich das blonde Haar,
Zwei halben Kirschen der Lippen Paar,
Wie Erdbeeren prangten die lieblichen Wangen,
Und im Blick' lag ein minniglich' Verlangen.
So nahte er, der fröhliche Mai; —
Da fragte ihn die Grenzpolizei,
Wie er gekommen sei in's Land,
Und ob er 'nen Paß habe zur Hand.
Erwidert der Junge drauf frei und frank:
„Ich brauch' keinen Paß, Gott sei Dank,
„Und wollt Ihr mir wehren Weg und Steg,
„So flieg' ich über Berg' und Ströme weg,
„Und komm' in's Land, Ihr könnt's nit hindern,
„Und bringe den Lenz den Menschenkindern!"
„„Was bringst Du? — Den Lenz? — Ich müßte
                      mich irren, —
„„Doch — das ist Contreband — kann nicht
                      passiren,

„„Du zahlst denn den Eingangszoll dafür,
„„Zwölf Gulden für's Pfund, nun überleg' es
Dir!"" —
Da lachte der Mai ihm in's Gesicht
Und sprach: „Mein Freund, das versteht Ihr nicht;
„Der Frühling kümmert sich, gleich dem Gedanken,
„Um den Markstein wenig und um die Schranken;
„Und wehrt Ihr es, so muß ich's risquiren,
„Und trotz des Gesetzes contrebandiren.
„Doch versprech' ich Euch, in vier Wochen von heut',
„Wenn Ihr mit mir nicht zufrieden seid,
„Will ich wieder die Straße passiren,
„Und Ihr könnt' mich dann strafen und contu=
mazieren!"
Und eh' sich der Andere recht besann,
Der Mai ihm unter den Händen entrann!

Doch — kaum nach ein Paar Tagen Zeit —
Da blüht' und duftet' es weit und breit,
Und die Welt war so schön und der Himmel so blau,
Und die Lüfte wehten so lind und so lau,
Und die Blumen winkten auf blühender Au,
Funkelnd und glitzernd im Morgenthau.
Ihre Kronen putzten die Birken und Erlen,
Schlehdorn umwand mit weißen Perlen

Das kahle, dornige Geäst',
Und die Vöglein kamen aus Ost' und West',
Zugführer waren die kleinen Schwalben,
Und die Menschen freuten sich allenthalben
Ueber den Mai und seine lieblichen Wunder,
Und — der Accise-Einnehmer war auch darunter,
Und hat dann den Leuten weiß gemacht,
Er habe den Frühling in's Land gebracht!

Fünfte Predigt.
Künstler-Maifest 1843.

Geliebte in dem Herrn! Als Gott die Welt erschaffen hatte und sie vollendet war und da stand in ihrer unaussprechlichen Glorie, da fand der Ewige selbst, daß sein Werk gut war, und er ruhete aus von seiner schöpferischen Thätigkeit! Und dieser erste friedliche Ruhetag der Welt war der erste erste Mai! — Gott aber bestimmte den ersten Mai als einen Festtag für alle Zeiten, so lange es die Welt noch vernimmt, wenn ihr der Frühling zuflüstert: „Wach auf, mein Herz."

Und so wollen denn auch wir, Geliebte, heute Feiertag halten! Vernehmet demnach mit Andacht die treffende Epistel, so sich aufgezeichnet findet im dem Psalme unseres verewigten Goethe, der da heißt: „Künstlers Apotheose" und folgendermaßen lautet:

„Die Natur ist aller Meister Meister,
Sie zeigt uns erst den Geist der Geister,
Läßt uns den Geist der Körper seh'n,
Lehrt jedes Geheimniß uns versteh'n."

Geliebte! Als das Paradies
Durch des Menschen Schuld die Welt verließ;
Da fielen die Blüthen von den Bäumen,
Und Winter ward's in allen Räumen.
Ein Schauer die Erde überkam,
Der Frost preßte die Herzen zusamm',
Und stille ward's, so Nacht wie Tag,
Als wäre die Welt ein Sarkophag!
Doch unser Herrgott hat gar ein gutes Herz;
Er fühlt' der Paar einsamen Menschen Schmerz,
Und dacht' sich: „Ich kann's nicht über mich nehmen,
„Die armen Teufel so sehr zu grämen!
„Wenn ich sie fünf Monden mit'm Winter quäl',
„Ist's Buße genug, bei meiner Seel'!"
Und mit diesem göttlichen Versöhnungswort
Wehte ein Frühlingshauch von Ort zu Ort,
Die Berge entlang, die Thäler hernieder,
Und weckte die todten Blümlein wieder!

Da schwollen die Knospen in Liebesdrang;
Es duftete die sonnigen Halden entlang;
Die blüthenschweren Aeste bog der Baum,
Sangen Vöglein in seiner Zweige Raum.
Und die Welt ward wieder ein Gottesdom,
Ein Quell von Liedern, von Düften ein Strom,
Ein Abbild vom schönsten Gottesgedanken,
Von der Liebe, die will zur Erde ranken,
Um ihr — trotz Menschenschuld und Tücken —
Den Kuß der Versöhnung aufzudrücken.
Deß' ward sich auch der Mensch bewußt;
Da kehrte zurück in seine Brust
Ein Nachklang vom verlor'nen Paradies,
Aus dem ihn die eigene Schuld verstieß.
Und es bewegt' ihn seither wundersam,
So oft der Frühling wieder kam,
Und ihn mit seinem Knospenschwall,
Mit seiner ahnungsvollen Lieder Schall
Gemahnte wie ein Morgentraum,
Was er verlor, da er's genossen kaum! —

Das ist des Frühlings heiliges Geheimniß;
Mach auf dein Auge, — so erkennst du's ohne
Säumniß!

Die Sprache, welche die Schöpfung spricht,
Mißdeutet ein gläubig' Herze nicht!
Sprich sie nur an mit frommem Mund,
Sie thut dir ihr tiefstes Wesen kund,
Löst dir das Räthsel ihrer Schöne,
Den heiligen Sinn ihrer Farben und Töne;
Du ahnest den Geist, der in ihr ruht,
Ihren Sehnsuchtsschmerz, ihre Liebesgluth; —
Denn sie ist aller Meister Meister,
Wer sie versteht, versteht die Sprache der Geister;
Wer sie umfaßt mit Liebesbrunst,
Der hat den Schlüssel zur wahren Kunst! —

Drum wollen wir uns fest an sie schließen,
Mit Wonneschauer ihren Frühling genießen
Und seinen Propheten, den ersten Mai:
Dazu uns Gott behilflich sei. Amen.

Sechste Predigt.
Künstler-Maifest 1844.

eliebte im Frühlinge! Lasset uns zuvörderst Gott danken, daß er auch in unserer Zeit Propheten und Apostel erweckte, die da zu deuten vermögen die holdselige, minnigliche Sprache der Natur! Ein solcher stand auf in den jüngsten Tagen und schrieb an die liebende Menschheit eine freundliche Epistel, welche heißet: „Waldfräulein", daraus wir den Text schöpfen wollen für den heutigen Festtag. Er lautet folgendermaßen:

„Und tausend Stimmen aus den Bäumen,
Und tausend Schimmer in den Räumen,
Und Wohlgeruch und Duft und Glanz,
Und gold'ner Sonnenstrahlen Tanz,
Die wie anmuthige Gedanken
Im lindbewegten Laube wanken.

Das ist die Zeit, wo die Natur
Einhergeht auf der Liebe Spur!"

Gott schenke dem Manne, der also sprach, den ganzen Segen des Frühlings, uns Allen aber die nöthige Erbauung! —

Als unser Herrgott lobebar
Noch einsam in seinem Himmel war,
Da kam ihm der ewige Gedanke,
Zu treten aus dieser Einsamkeit Schranke,
Und eine Welt sich zu erbauen,
D'ran er wohlgefällig sich könnt' beschauen;
Zu setzen drein eine Creatur,
Die zu ihm fände der Liebe Spur! —

Dacht' es — und die Welt stand vor ihm da,
Ein verkörperter Psalm, eine Gloria,
Ein sichtbar gewordener Liebesspruch,
Ein offenes Evangelienbuch,
Von seiner Schönheit ein Widerschein,
An Düften reich und an Melodei'n.
Da war kein Wechsel noch Unterscheid,
Der Sommer hielt den Lenz umschlungen,

Und waren mit dem Herbst allbeid'
Zu einem lieblichen Ton erklungen.
Indeß aus der Traube — des Spätjahrs Zoll —
Der gedankensprühende Tropfen quoll,
Oeffnete sein Auge Märzveigelein,
Und läuteten Schneeglocken drein.
An einem Zweige Frucht und Blüth',
Und Knosp' und Blume an einem Ast,
Und drüber hin Waldvögleins Lied
Und güld'ner Sommermorgenglast.
Da wehte kein Sturm in's Land herein,
Kein Winter baute seinen Leichenschrein!

Gott sah sein Werk und ergötzte sich dran; —
Da hat ihm's das Menschenkind angethan!
Ihm genügte nicht dieß Liebesgeständniß;
So sagt' er sich denn von der Schöpfung los,
Und stand zuletzt ohn' ihr Verständniß —
Inmitten der Welt verarmt und blos! — —

Doch der Schöpfer wollte die theure Creatur
Wieder führen auf der Liebe Spur,
Und dachte — obwohl er beleidigt schwer —
Wie denn ihr Sinn zu wenden wär',

Und was er sollt' schaffen und gestalten,
Um seine Liebe ganz zu entfalten. —
Da ließ er ein Säuseln über die Erde geh'n,
Und den ersten Frühling allein ersteh'n,
Schied von dem Herbst und Sommer ihn,
Und pflanzt' ihm mitten in's Herze hin
Seiner unendlichen Liebe Bronnen,
Wie er seiner Gottesbrust entronnen!
Er kannte der Menschheit Sinn und Gedanken,
Wie träumend sie in die Zukunft ranken,
Und wie nur, von der Hoffnung Keimblatt umhüllt,
Die großaugige Knospe der Liebe schwillt.
Drum nahm er die Frucht und ihre wahren
                                      Geschichten,
Und ließ nur die Blume Märchen dichten.
Und fürder, wo ein grünes Zweiglein wächst,
Sang ein Vogel der Liebe wonniglichen Text,
Und wo sich regte ein Blüthenfunken,
Da war er von seliger Liebe trunken.
Der Strom, der über die Felsen schäumte,
Der Bach, der im Waldesdunkel träumte, —
Es drang aus dem Rauschen ihrer Fluth
Ein Ton der Liebe, der drin geruht.
Da erwachte ein minnigliches Leben,

Ein süßes Wechselspiel und Weben:
Es war die Zeit, wo die Natur
Einhergeht auf der Liebe Spur! —

Wir ahnen, o Lenz, du Liebesborn,
Daß Gott dich zum Herold auserkor'n,
Zum Kündiger seiner schönsten Worte,
Zur Taube an unseres Schiffleins Borde,
Die mit dem Blüthenstengel im Mund
Der Sündfluth Ende thuet kund.
Wir ahnen, daß dein junger Mai
Der Liebesbotschaft Träger sei.
Und wo sich Lieb' entringt dem Keim,
Da ist die Jugend auch daheim,
Und mit der Jugend die Poesei —
Lieb' — Dichtung — Jugend — die seligen
Drei!

Drum sei uns willkommen tausendmal,
O Frühling, du holdselig Ideal,
Der Du die Jugend bringst mit Dir,
Dieß fröhliche, selige Lustrevier,
Das selber das prosaische Jetzt
Mit schimmerndem Morgenthau benetzt!

O Frühling!
Der Du die Dichtung führst zur Hand,
Die Jungfrau mit dem duftigen Gewand,
Die wie ein leuchtender Karfunkel
Strahlt durch unf'rer Ahnungen Dunkel!
O Frühling!
Der Du der Liebe stillen Samen
Ausstreust in alle Welten! Amen!

Siebente Predigt.

Künstler-Maifest 1845.

Theuerwerthe Versammlung! Die Schöpfung selbst sei heute unser Evangelienbuch und der sprossende Frühling die auf den heutigen Tag treffende Epistel. Mag sie ein Jeglicher deuten, wie es ihm der prophetische Hauch den Lenzes eingiebt, und dieser Deutung Worte verleihen nach Herzens= lust. Mir aber sei gestattet, daß ich also zu Euch rede:

Ihr vielgeliebten Christenleut'!
Der Tag ist viel zu lieblich heut',
Um Euch mit Moral und Dogma zu quälen;
So will ich Euch lieber ein Märchen erzählen.
Jungfrau Erde saß im Brautgemach,
Ordnete Brautkleid, Kranz und Schleier,
Indeß der Frühling, ihr schöner Freier,
Noch draußen stand und dachte nach,

Wann er mit duftigem Liebesworte
Anklopfen sollt' an der Liebsten Pforte,
Und welcher Fest= oder Feiertag
Hiefür am besten taugen mag?
„Wie wär's" — dacht' er — „käm' ich am Osterfest?
„Doch — da sind die Kirchen zu voll gepreßt,
„Getraut sich Niemand in die Welt hinaus,
„In dieß ewige, heiligste Gotteshaus;
„Und ich hab' im Sinn', nicht mutterseelenallein —
„Sondern Hochzeit zu feiern mit Groß und Klein,
„Mit dem Hirsch im Wald, mit dem Vogel im Ast,
„Und das Menschenkind sei mein lieber Gast. —
„Wie wär's um Mariä Verkündigung?
„ — Doch da kommen die Schwalben wiederum,
„Und soll ich den Thierchen den Jux verderben,
„Die ersten zu sein, die um's Bräutlein werben?
„Sie kriegen's doch nicht; denn es wartet still
„Auf mich allein, bis ich klopfen will! —
„Oder wie? — wenn ich unversehens etwa
„Einschliche um Misericordia?
„Doch — da heißt es wahrhaftig, daß Gott
         erbarm';
„Da schneit's und man heizt kaum die Kammer
         sich warm. —

„So will ich's um Jubilate riskiren,
„Oder um Cantate mein Glück probiren,
„Oder etwa gar in der Kreuzwochen
„An der Herzliebsten stillem Gemach anpochen! —
„— Doch wie schrieb hier der Kalendermann,
„Das Himmelfahrtsfest nicht neben an?
„Das Himmelfahrtsfest, dieß theure Vermächtniß,
„Dieß Fest zum ewigen Gedächtniß,
„Daß es dem Geiste mag gelingen,
„Ueber Raum und Zeit sich aufzuschwingen! — —
„Du seliger Tag, ich harre dein!
„Der Liebsten Arm sei der Himmel mein;
„An's Herz ihr sinken, in's Aug' ihr sehen,
„So will ich mein Himmelfahrtsfest begehen!" —
Dacht' es und hat sich an die Pforte gesetzt,
Schlief im Warten ein und träumte zuletzt
Vom Amselschlag und vom ersten Veilchen,
Und ließ den Winter noch stürmen ein Weilchen.
Doch zur rechten Zeit — da wacht' er auf,
Schlich hin zur Pforte und hämmerte drauf,
Und feierte, als ihm aufgethan ward,
In der Liebsten Arm seine Himmelfahrt!
Derweilen läuteten draußen fein
Den ersten Mai die Blumen ein. —

Herrgott im Himmel! Wir harren der Stunde,
Die auch uns vom Himmelfahrtstag giebt Kunde,
Wo ein heiliger Frühling in alle Welt
Seinen ersehnten Einzug hält:
Ein Frühling für unser frommes Hoffen,
— Längst steht für ihn die Pforte offen —
Ein Frühling für unsere knospende Liebe,
Daß sie doch einmal Blüthen triebe:
Ein Frühling, fessellos sich entfaltend,
Blüthenlockend, mit Segen waltend,
Für unser Recht, für Glaube und Wahrheit,
Ein Völkerfrühling voll Morgenklarheit,
Der in alle Herzen sich ergießt,
Und das Keimblatt sprengt, das die Freiheit um=
schließt! Amen!

Achte Predigt.
Künstler-Maifest 1846.

Vielteure, in Gott und seinem Frühlinge geliebte Versammlung! Da ich den Urtext nicht weiß, den der Lenz unter seine Melodien schrieb, so müßt Ihr Euch eben mit einem Sprüchlein begnügen, das einer seiner Apostel uns verkündete, und das da heißt:

„Ihr habt vernommen, was dem Gott gefällt.
Geht hin, bereitet Euch, gehorchet still.
Ihr seid das Saatkorn einer neuen Welt —
Das ist der Weihefrühling, den er will."

Der Segen des Lenzes, der die Knospe entfesselt und ihre Düfte frei macht, geb' uns sein Geleite!

Wer d'rauf achtet in der ersten Maiennacht
Hat oft Wunders geträumet und gedacht;

Doch sind das unsere Gedanken nicht,
Es ist der Frühling, der zu uns spricht. —
Ich hatte die Nacht solch' einen Traum,
Da redete ich mit Strauch und Baum,
Da begriff ich des Vogels prophetischen Sang,
Der Lenzluft Stimme das Thal entlang;
Da verstand ich der Blumen heimliches Flüstern,
Was die Maiglocken plauderten mit ihren Ge=
schwistern,
Und wie der Schmetterling dem Blüthenblatt
Seine heimliche Liebe versichert hat.
Wollt Ihr, so erzähl' ich Euch ungesäumt
Etwas davon, was mir geträumt. —
Mir war's, als läg ich auf einsamer Halde,
Umkränzt vom grünen Buchenwalde,
Recht tief im weichen, duftigen Gras
Und dachte just — ich weiß nicht was!
Flog eine Amsel her, und setzte sich gleich
Auf den nächsten knospigen Buchenzweig;
Und dauerte nicht lang, so kam alsbald
Ein Rehlein hervor aus dem schattigen Wald.
„Grüß' Gott" und „Wie geht's? Was macht der
und der?
„Was bringt ihr für Nachricht aus der Fremde her?"

So grüßten sie sich und plauderten fort,
Und — Mein Eid! — ich verstand ein jegliches
Wort!
Sprach die Amsel: „Weißt du auch, Brüderlein,
„Warum der Lenz, der Junkherr fein,
„Heuer sich so getummelt hat und gesputet,
„Und herein kam in's Land, eh' es Einer ver=
muthet?
„Ich hab ihn am Waldsaum draußen getroffen,
„Da gestand er mir's ganz ehrlich und offen.
„Sieh, er hätte gern das Menschenkind,
„Deß' Augen zumeist verschlossen sind,
„Deß' Ohren taub, deß' Herz erkaltet,
„Zu neuem Sinne umgestaltet.
„D'rum lockt' er die Blüthen von nah und fern,
„D'rum weckt' er im Boden den schlummernden
Kern,
„Zu zeigen, es sei nun hoch bei Zeiten,
„Daß die Menschen sich auch ihren Frühling be=
reiten.
„Er sprengte die Fesseln von den Keimen,
„Daß auch sie sich nicht zu entfesseln säumen;
„Er wölbte die Buchen und Eichen zum Tempel,
„Dem Menschen ein blühendes Exempel,

„Daß er einmal zum heiligsten Tempelbau
„Den Grundstein zu legen sich getrau,
„Zum Tempel — schön und hell und luftig,
„Nicht kalt und finster und moderduftig;
„Zum Tempel, in dessen geweihten Hallen
„Nicht Thorheit und Aberwitz erschallen;
„In dessen Schiff wie Weihrauchdüfte
„Das freie Wort sich heb' in die Lüfte;
„An dessen Säulen sich schöne Gedanken
„Wie knospende Blumen aufwärts ranken;
„Von dessen Kanzel kein Geist der Verneinung
„Die Flüche schleudert auf andere Meinung;
„An dessen Altären eine Zufluchtsstätte
„Der Beladene und Bedrückte hätte;
„An dessen Decke in seligen Gestalten
„Die verklärte Kunst sich sollt' entfalten;
„In dessen Kreuzgang und Sacristei
„Ein gleiches Recht für jeden Beter,
„Ein Asyl für die Sünder und Missethäter,
„Ein Hauch der Freiheit und Liebe sei!" — —

Viel sprach noch der Vogel, was ich gehört.
Die Blüthen lächelten wie verklärt,
Und die Bäume lauschten ringsherum,

Als predige er ein Evangelium. —
Ich kann Euch nit alles künden zur Stunde,
Was ich vernahm aus des Vogels Munde;
Doch ahnt Ihr hieraus schon des Frühlings Be=
deutung.
So ist nun an Euch die Vorbereitung,
So ist's nun an Euch, zu gehorchen still,
Da ihr wißt, was Gott mit dem Frühling will! —
Amen.

Neunte Predigt.

Maifest des Regensburger Liederkranzes 1847.

Vielgeliebte Freunde! Unser Herrgott hat es füglich also gerichtet, daß jedes gute Ding seine Apostel und Propheten habe, die seine Schönheit verkünden und für seinen Dienst Proselyten machen. So hat auch der Frühling seine Missionäre, und Einer von ihnen hat den Text geschrieben, den wir für unsere heutige Andacht gewählt, und der also lautet:

„Die Traubenhyacinthe bewegt die Glocken,
Es schmückt sich weiß die Lilie zum Fest, die holde!
Das Licht verschenkt die Farben, wie Band und Orden,
Daß Tulpe sich verbräme, sich Lack vergolde.
Damit Natur im Lenze sich selbst genieße,
Ernährt sie einen Dichter in ihrem Solde."

Folgt mir, Geliebte, bei der erbaulichen Betrachtung dieser Worte!

Zwar zahlt die Natur nicht mit baarem Golde
Die Dichter, die in ihrem Solde;
Doch ist ihr Lohn ein holdes Verständniß,
Ein reizendes, heimliches Bekenntniß
Von ihrem Glauben, Hoffen, Sehnen,
Ihrem Liebeslächeln und Liebesthränen,
Von alle dem, was Tag und Nacht
Die Knospe geträumt und die Blüthe gedacht.
Selbst mir, dem Stümper, hat sie in Gnaden
Schon manch' holdselig' Geheimniß verrathen.

Doch ist mir nicht Alles, was ich vernommen,
Wie ein lustiges Märlein vorgekommen,
Und erst jüngst hab ich die Klagen belauscht,
Die die Blumen einander ausgetauscht.
Sprach die Rose zum Hollunderstrauch:
„Freundin, was ist doch der Mensch ein Gauch!
Hat er nicht mir und meinen Schwestern
Die Aeste gestutzt und verschnitten gestern?
Er achtet' deß nit, daß auf unsern Wunden
Die helllichten Tropfen Blutes stunden.
Ach Gott, es ist ein hartes Verhängniß!
Was leiden wir Blumen doch für Bedrängniß!

Wie verkümmern uns die herzlosen Leut',
Unsre kurze, selige Jugendzeit!
Indeß sie von Freiheit schwatzen und schreien,
Sperren sie uns in ihre Hausvogteien,
Fesseln in's Glashaus uns und in Töpfe
Und meinen Wunder, wenn sie uns die Köpfe
Aufwärts binden an ihren Staketen,
Was sie uns für eine Gefälligkeit thäten.
Du meine Güte! 's ist noch ein Glück,
Bricht man uns blüthenjung das Genick,
Und läßt uns an eines Mägdleins Herzen
Hinwelken in süßen Liebesschmerzen! —"

Da brummte ein stämmiger Fichtenbaum,
Deß' Aeste schwankten im blauen Raum:
„Das läßt sich Alles noch ertragen; —
Doch von meinem Geschick laß ein Wörtlein Dir
 sagen.
Kaum daß sich Muskeln mir und Sehnen
In üppiger Lebensfülle dehnen,
So schlägt ihre Axt mir tausend Wunden,
So werd' ich gefällt, zersägt, geschunden,
Um endlich nach unsäglichen Wehen
Dem bittersten Loos entgegen zu gehen.

Statt daß mir die Haare im Lenzwind fliegen,
Muß ich ihre jungen Schreihälse wiegen,
Und zuletzt — das ist meines Schicksals Ende —
Zimmern zum Sarg mich die ruchlosen Hände,
Und ich muß in meinen besten Jahren
Mit Moder gefüllt zur Grube fahren!"

Ein tiefer Schauder rüttelte drauf
Des Baumes Geäst bis zur Krone hinauf.
Der jungen schüchternen Espe daneben
Ueberkam ein Zittern und ein Beben,
Und selbst die alten Eichen ringsum
Wurden nachdenklich, melancholisch und stumm.
Da hob eine Blume den gelben Schopf,
Wackelte lächelnd mit dem Kopf,
Und dachte sich: „Ich will's doch wagen,
Einen heiteren Ton wieder anzuschlagen."
Drauf sprach sie: „Hört Schwestern, wie dumm,
Mich nennen sie leontodon taraxacum!!
Und Ihr wißt doch alle insgesammt,
Wie fein mich unser Herrgott benamt.
Da möchte doch Einer des Guckucks sein,
Bilden sich die Esel ein,
Die sich Botaniker oder so was nennen,

Daß sie alle unsere Namen kennen!
Da taufen sie uns verhunzt und verzwickt,
Und zuletzt wird uns der Stengel geknickt,
Die Blätter in Fließpapier eingezwängt
Und unbarmherzig in die Presse gedrängt.
Und wir liegen da — bleich, todt und stumm,
Dann heißen's die Kerl' ein herbarium!"

Sprach die Birke: „Wahrhaftig, Du hast schon Recht,
Es ist ein grundverderbtes Geschlecht!
Ich hatte Söhne, ein' hübsche Zahl,
Die grünten in ihrer Jugend zumal,
Die Blätter so licht, die Aestlein so schwank; —
Die Zweige so zierlich, die Stämmchen schlank; —
Die hieben sie um in Einer Nacht,
Und haben mich kinderlos gemacht.
Erst später konnt' ich ihr Schicksal erfragen:
Sie haben damit ihre Fässer beschlagen,
In welche sie — denkt Euch um Gotteswillen! —
Des Weinstock's blutige Thränen füllen.
Die trinken sie dann alltäglich leer,
Und holen sich da ihre Räusche her.
Bei alle dem wagen es diese Barbaren,
Sich als „Krone der Schöpfung" zu gebaren,

Diese blöden, blinden, tappenden Seelen,
Die — denkt Euch — mir das Reisig stehlen,
Nur um sich zum Zeitvertreib bisweilen
Die Buckel selbander durchzukeilen!" —

Drob lachten die Blumen aus voller Kehle,
Und die Hainbuche sprach: „Bei meiner Seele,
Zu solchem Dienst bin ich auch bereit;
Um's Menschenprügeln wär's mir nicht leid!" — —

Ich schaute mich nach dem Redner um,
Der mir des Schulmeisters baculum
So lebhaft ins Gedächtniß rief,
Daß ich unwillkürlich nach dem Rücken griff.
Mich verrieth die Bewegung. — Die Blumen sah'n
Aengstlich und erschreckt mich an,
Dieweil ich sie heimtückisch belauscht,
Was sie für Reden ausgetauscht.
Ich aber sprach: „Räsonnirt ohne Scheu,
Ich hab ja selbst meinen Jux dabei.
Mich hat Euer Plauschen nit verdrossen;
Ich steh' Euch zu Diensten mit Noten und Glossen,
Und könnte über der Menschen Gebrechen
Wie ein Professor nach eigenen Heften sprechen.

Doch — ich merk's, ich hab Euch stutzig gemacht.
So b'hüt Euch Gott und habt ruhsame Nacht!" —

Sprach's und ging, und sinnirte dabei
Von Dem und Jenem gar mancherlei,
Und dachte: „Die Bürschlein — das ist gewiß —
Reden wie Cicero de officiis;
Schad', wenn ein Wörtlein davon verloren.
Drum schreib' dir's, o Seele, hinter die Ohren!
Du rühmst dich deiner Weisheit unbändig,
Meinst, die Natur sei unverständig,
Mit Taubheit behaftet und mit dem Staar,
Der Rede und des Gedankens bar, —
— Weil du nicht vermagst, ihr Auge zu sehen,
Weil du ihre Sprache nicht kannst verstehen,
Weil ihre Idee'n und Gedanken
Unendlich weit über deine ranken!
O leg nur einmal mit gläubigem Sinn
An ihr pulsirend Herz dich hin,
Und du vernimmst allüberall
Verwandter Stimmen melodischen Schall,
Du triffst in aller Creatur
Des Hasses und der Liebe Spur,
Dasselbe Hoffen, Sehnen, Empfinden,

Wie du's in eigner Seele magst finden,
Dieselben Capitel voll Weh und Lust,
Wie in der Geschichte der eigenen Brust!
Drum rühr' nicht daran mit rauher Faust;
Beim ewigen Gott, wohin du schaust
In allem Ding wallt lebendiges Blut;
Du sollst aus purem Uebermuth
Dich scheu'n, nur ein Blümlein abzupflücken, — —
Es sei denn, ein Mägdlein damit zu schmücken! Amen.

Zehnte Predigt.
Künstler-Maifest 1850.

Unsere Tage, meine Theueren, verrinnen wie des Baches Wellen, und unsere Jugend verdampft wie der Thautropfen am Sommermorgen! Wir lachen ein Stündlein, und weinen ihrer zwei, und — bis wir uns die Augen ausgewischt haben, sind wir alt geworden! Ich spreche davon wie Einer, der's erfahren hat. Aber es gibt zwei Frühlinge in der Welt, und der Eine davon geht über die Blüthenzeit hinaus. Das hat auch der Mann gefühlt, der die nachfolgenden Verslein gesungen, die ich heute zum Texte wählen will:

„Die Sonne bescheint die blumige Au,
Der Wind beweget das Laub.

Wie sind mir geworden die Locken so grau!
Das ist doch ein garstiger Staub.

Es bauen die Nester und singen sich ein
Die zierlichen Vögel so gut.
Und ist es kein Staub nicht, was soll es denn sein?
Mir ist wie den Vögeln zu Muth!"

Lasset uns, Geliebte, den tiefen Sinn dieser Worte näher erwägen!

In jeder Geographie, Ihr Lieben,
Da steht mit schwarzen Lettern geschrieben,
Daß der Lenz, wenn der Winter uns überfällt,
Heimsucht einen anderen Winkel der Welt.
D'raus zieht sich der Schluß ganz gut und klar,
Daß die Erde nie des Frühlings bar! —
Nun ist es eine alte Geschichte,
Besungen in manchem schlechten Gedichte,
Daß die Jugend das leibhafte Konterfei
Von seiner Herrlichkeit, dem Frühling, sei.
Hört, wie ich den Schluß mir zu Herzen genommen:
Jüngst ist die Jugend zu mir gekommen
In schwarzem Frack und schwarzen Hosen,

An der Brust ein Paar halbverwelkte Rosen,
Und bot mir, eh' ich mich deß' verseh',
Ein Kärtchen mit einem — — pour prendre congé! —
Erst hat mich die Sache verdutzt gemacht;
Doch als ich mich schnell darauf bedacht,
Da that ich dem Jungen frank bedeuten:
„Mein Liebster, dürft' ich Sie nicht be=
gleiten?"
Da lächelte der junge Fant,
Und ging. — Nun galt's keine Zeit verlieren!
„Ei — dacht' ich mir — du kannst's ja probiren!"
Und bin ihm kopfüber nachgerannt.
Ich glaub' er that es mir zu lieb,
Daß er vor dem Schlagbaum ganz verstohlen
Noch ein kleines Weilchen stehen blieb,
Bis mir's gelang ihn einzuholen.
Schnell schlug ich den Arm in seinen, und sprach:
„So hole der Guckuk das Scheiden und Meiden!
„Und magst du's nun leiden oder nicht leiden, —
„Geh' hin wo du willst; — ich folge dir nach!"
Und so that ich's auch! Wir gingen selband
Entlang die Heerstraß Hand in Hand. —
Nun fehlte es wohl am Staube nicht,
An meinen Locken hab ich's erfahren!

Die Sonne stach mir in's Gesicht,
Und der Regen troff mir aus den Haaren,
Und mancher lendenlahme Cumpan,
Der am Wege lungerte, rief mich an,
Wie die Jungen den Propheten weiland:
„Du Glatzkopf; he — bei'm lebendigen Heiland! —
„Du alter Knabe, dir ist es wohl
„Nicht eben just im Capitol,
„Daß du den Sant, den Springinsfeld
„Zum Reisegenossen dir auserwählt?!
„Und weißt du beßre Gesellschaft nicht
„Von ehrenwerthen, gesetzten Leuten,
„Die verständig politisiren und streiten,
„Von Anstellung schwatzen und Weiterkommen,
„Daß der und der einen Orden bekommen,
„Und was man halt sonst Vernünftiges spricht
„Von Mord und Todtschlag und Räuberei,
„Von unserer wachsamen Polizei,
„Wie die Aktien stehen, und nebenbei
„Daß Frau Baas eines Söhnleins genesen
                                    sei! — — —"

„„Daß dich —!!"" so dacht ich mir, und zog heiter
Mit meinem Genossen die Straße weiter.

Wir aber plauderten dies und das,
Erquickten uns an Erinnerungen,
Wie wir der Dichtung geleert manch' Glas,
Und wie wir zuerst das Liebchen umschlungen.
Noch weiter zurück; — wie der Kindheit Traum
Eine Märchenwelt um uns gewoben,
Und wie der erste Jugendschaum
Auf unserm Weine sich gehoben.
Auch sprachen wir manch' vernünftiges Wort,
Wie sich's erzeugt in jungen Herzen,
Von Freiheit und von Völkerhort,
Und von der Menschheit heiligen Schmerzen.
Jetzt kommt mich schier Verwund'rung an,
Sobald ich einmal denk' daran,
Was wir geredet von künftigen Tagen;
Daß uns kein Spürhund ausgespürt,
Kein Flurschütz, kein Nachtwächter arretirt,
Kein Schlagbaum rächend hat erschlagen! —

— So hab ich's getrieben, Ihr lieben
            Leut',
Und also treib ich es auch noch heut,
Und halt's mit der Jugend, trotz den Philistern,
Den Pharisäern, Muckern und ihren Geschwistern,

Und will mich auch noch trotz grauen Haaren
Und kahlem Scheitel jung gebaren.

Die Jugend vergeht nicht, gleich dem Lenze,
Sie wandert nur, wie es der Frühling macht;
Verdorren Dir in den Locken die Kränze,
Das ist das Zeichen, das nimm in Acht!
Dann mach's wie die Schwalbe, und zieh mit ihr;
Thu auf, thu auf des Herzens Schranken,
Sie faßt mit Gefühlen und Gedanken
In einem Winkel d'rin Quartier.
Sie wärmt drin — wie der Ofen im Kämmer=
lein —
Die Wände, die im Winter erkalten,
Und wird drinn von Blüthen und Sonnenschein
Dir einen lustigen Lenz gestalten.
Und beginnt auch der Schnee herab zu flocken,
Und werden auch falb das Gras und das Laub,
Und grau um die Schläfe die schwarzen Locken:
— Zum Teufel! Es ist nur garstiger Staub!
Dann singst Du bei jedem kommenden Mai
Zum Weine der in's Maul Dir wächst,
Nach einer fröhlichen Melodei
Den wunderlieblichen Text:

„Die Sonne bescheint die blumige Au,
„Der Wind beweget das Laub.
„Wie sind mir geworden die Locken so grau!
„Das ist doch ein garstiger Staub.
„Es bauen die Nester und singen sich ein
„Die zierlichen Vögel so gut.
„Und ist es kein Staub nicht, was soll es denn
sein?
„Mir ist wie den Vögeln zu Muth!"
Amen! Amen!

Elfte Predigt.
Künstler-Maifest 1849.

Wie viel Zeichen sind geschehen, wie viel Mahnworte erklungen in dieser schweren Zeit, und wir haben deren keine Acht gehabt! Soll ich da auch noch meine Stimme erheben, da ich doch weiß, daß der Prophet nichts gilt im Vaterlande? Dennoch, ich wag' es, ob ich auch in den blauen Wind rede! Vielleicht daß Dir, o Christenvolk, die Wahrheit im Märchengewande leichter zum Verständnisse dringt, als in ihrer nüchternen Blöße, wie sie Dir die Herren vom Rostrum und Katheder vorführen. Also merk' auf, und nimm zu Herzen, was ich Dir erzähle.

Der März war freundlich, die Sonne schien lau,
Der Himmel lachte so dunkelblau,
Man hätte — weiß Gott — schier glauben mögen,
Es wäre der lichte Frühlingssegen.

Da rieb sich die braune Knospe am Baum
Von ihren Augen den Schlaf und Traum,
Und sprach leise für mich: „Nun wird mir's zu eng,
„'s ist Zeit, daß ich mein Mieder spreng'!
„Ich fühl's, wie draußen der Thauwind geht,
„Wie eine Frühlingsahnung die Welt durchweht;
„Ich sehe durch meines Kämmerleins Ritzen,
„Den blauen, sonnigen Himmel blitzen;
„Und thu' ich mich nicht gewaltig irren,
„So hör' ich die Vögel schon psalmodiren!
„Frisch d'ran — die Läden aufgemacht —
„Der Frühling kommt wohl über Nacht;
„Und — was kann's denn schaden, wenn ich durch
die Lucken
„Ein bißlein thu' ins Freie gucken? —"

Der Baum hat das Selbstgespräch belauscht,
Und d'rauf mit der Knospe dies Wort getauscht:
„Halt ein, Du toller Springinsfeld!
„Was verstehst denn Du vom Lauf der Welt?
„Noch gefriert mir selbst in den Adern das Blut,
„Noch trägt der Zaunpfahl seinen Hut;
„Und der Vogelsang — der ist nicht rar,
„Die Spatzen pfeifen das ganze Jahr.

„Das Schwälblein aber, das Du jüngst vernommen,
„Ist eben auch zu früh gekommen.
„Das kauert nun fröstelnd unter'm Dach,
„Und steckt das Köpflein in's Gefieder,
„Und denkt sich mit manchem Weh und Ach:
„Eine Schwalbe bringt den Lenz nicht
                                 wieder!
„Hör', was ich Dir sagen und rathen will:
„Halt' noch eine kleine Weile still
„In deinem vielwarmen Kämmerlein,
„Und merk' Dir die Bauernregel fein:
„Ist der Märzen auch noch so gut,
„Der April schneit dem Hirten auf den Hut!"
Die Knospe hört's und denkt sich dabei:
„Was der Griesgram sagt, ist mir einerlei;
„Der sieht nichts als Geister und Gespenster!"
Und streckt das Köpflein hinaus zum Fenster. —
Und aber — da kam der Frost über Nacht,
Hat all' ihr Hoffen zu Schanden gemacht.
Kaum graute das nächste Morgenroth,
Da lag die Schwalbe auf der Firste todt;
Da war das Knösplein jung und zart
Im tiefen Märzenschnee erstarrt! —
Derweilen brach zu seiner Zeit

Der Frühling mitsammt seiner Herrlichkeit
Voll Blumenduft und Sonnenschein
Wie ein stattlicher Freier in's Land herein,
Lockt Finkenpfiff und Amselschlag
Und milde Lüfte Nacht und Tag,
Färbt allenthalben die Fluren bunt,
Und macht die kranken Herzen gesund.
Doch die welke, verdorrte Knospe am Ast
Erweckt kein Lenz und kein Sonnenglast!

    Einfältige Menschencreatur!
Nimm ein Exempel an der Natur,
Daß Deine That nicht mehr verfruht
Im Märzenschnee verkommen thut,
Und dann, wenn der Frühling in's Land'rein drängt,
Eine welke Knospe am Baume hängt!
Wart' ab den Lenz und seinen Mai,
Dann mache Dich vom Keimblatt frei,
Dann magst Du zur Blüthe Dich entfalten,
Und unser Herrgott wird's zum Guten gestalten!
            Amen!

Zwölfte Predigt.
Künstlercongreß in München 1858. Fest auf der Rothmannshöhe am Starnbergersee.

Geliebte! "Unsere Tage rauschen vorüber, wie des Baches Wellen, und unsere jungen Jahre verdampfen wie der Thautropfen am Sommermorgen! Wir lachen ein Stündlein und weinen ihrer zwei, und bis wir uns die Augen ausgewischt haben — sind wir alt geworden!" Also hab ich schon vor Jahren gepredigt, und daran gemahnt es mich auch heute wieder trotz des lieblichen Sonnenscheins, der sich wie eine Glorie um Wald und Wiese legt.

Aber — Gott sei Dank! Es gibt noch ein Elixir, das uns die kahle Schläfe und den Schimmel auf den Haaren vergessen macht, das uns die Sinne verjüngt, wenn uns bisweilen bedünken will, als ob die ganze Welt alt würde und absterbe. Wir nennen es: Kunst und Dichtung! — Also wollen wir just zu dieser fröhlichen Stunde der guten Verse eingedenk sein, die Einer unserer verewigten Meister gesungen,

und die da trefflich passen zum Terte unserer Bergpredigt:
Sie lauten aber also:

„Sittenzwang und Formelwesen hätten
längst die Welt verkümmert,
„Wenn sich Dichtung nicht bisweilen
durch die Welt ergossen hätte!"

Der Segen des Herbstes begleite uns bei Betrachtung dieser Worte!

Als der größte Künstler — unser Herrgott
lobebar —
Mit seiner Schöpfung fertig war,
Fand er, daß sie gut sei und wohlbemessen
Vom Gänseblümlein bis zu den Cypressen,
Vom Spatzen, der auf dem Dache pfeift,
Bis zum Adler, deß' Flügel die Wolken streift!
Er machte drob ein vergnüglich Gesicht,
Schätzte die Wirkung beim Oberlicht,
Hielt die Hand vor's Auge, und ging dabei
Ein Paar Schritte von der Staffelei,
Damit er auch von der Ferne betracht',
Was sein Meisterwerk für Wirkung macht.

Wie waren die Formen so schön und rund,
Wie reizend der Vorder- und Hintergrund,
Die Conturen so edel und so groß,
Die Farben so saftig und pastos,
Und die Lichteffekte von solcher Gewalt,
Wie sie kaum der Zwengauer malt!

Und doch — wie er so im Anblick verloren —
Kratzt sich der Meister hinter den Ohren
Und dachte sich: „Bei meinem Eid!
„Es bedarf noch einer Kleinigkeit.
„Ist auch die Wirkung just nicht schlecht,
„Sind auch die Formen regelrecht, —
„Ich fühl's, in dieser Gewissenhaftigkeit,
„In dieser strengen Regelmäßigkeit
„Fehlt etwas, das mit voller Wucht
„Einen Weg zu dem Gefühle sucht,
„Das Herz packt, und mit geheimer Magie
„Zum Gemüthe spricht und zur Phantasie!"
Sprach's, greift zum Pinsel und wagt sich d'ran,
Setzt da und dort ein Paar kühne Drucker an,
Haut ab und zu ein bischen über die Schnur,
Greift zum bekannten Kunststück der Lasur,
Vermalt noch ein Paar Blasen Asphalt,

Wo ihm die Stimmung zu nüchtern kalt;
Und wie er damit fertig war,
Ward erst das Geheimniß offenbar,
Daß jeweils der poetische Gedanke
Ueberspringe des Formelwesens Schranke,
Daß die Dichtung sei wie jener feurige Schaum,
Dem zu enge wird des Glases Raum,
Der auch zuweilen den Anstand verletzt,
Und die Etikette des Tischtuch's benetzt! —

Das fühlte der Schöpfer und kam zum Entschluß.
„Jetzt weiß ich," dacht' er, „was ich beginnen muß:
„Ich schaff' mir aus dem Menschenpack
„Noch eine Spezies nach meinem Geschmack,
„Denen ich das schöne Geheimniß verkünde,
„Daß die poetische Freiheit keine Sünde;
„Eine Kaste, der es mag gelingen,
„Mit der Lasur so recht herumzuspringen,
„Und die — zum Verdruß der Philister und
　　　　　　　　　　　　　　　　Mucker —
„Weiß anzubringen die rechten Drucker;
„Ein auserles'nes Geschlecht der Geschlechter —
„Zwangentbundene — Formelverächter —
„Die sich an der Schöpfung poetischen Gedanken

„Mit ihrem Gefühl wissen anzuranken;
„Menschen, so recht nach meinem Gelichter,
„Und die Welt soll sie heißen: Künstler und
    Dichter!"

Und im nächsten Momente war auch schon
Vollendet des Gedankens Incarnation. —

Ihr Freunde, ich hab' Euch damit erzählt
Die Genesis der Künstlerwelt.
Nun geht hin, und zieht den Nutzen davon,
Vollendet Eure Mission,
Zieht aus nach Süden und nach Nord
Und verkündet dieser Bergpredigt Wort,
Daß Formelwesen und Sittenzwang
Die Welt verkümmert hätten schon lang,
Wenn nicht Kunst und Dichtung, die Dioskuren,
Ihr aufdrückten ihres Wandels Spuren,
Wenn nicht die Maler und Poeten
Uns bisweilen den Gefallen thäten,
Und schlügen dem Philister, dem traurigen Wicht,
Mit allen Ehren in's Gesicht,
Und schnitten mit Anstand, wo er zu finden,
Den Zopf ab, vorn, seitwärts und hinten!

Das merkt Euch und schreibt Euch hinter die
                                           Ohren,
Auf daß meine Worte nicht verloren,
Auf daß ich umsonst nicht mein Geschäft erledigt,
Und vor tauben Kunden habe gepredigt.
Dixi! Und damit Gott zum Gruß!
Euer alter — Frater Hilarius.

Dreizehnte Predigt.

Stiftungsfest der Liedertafel, Sunnwend 1859.

Liebe Freunde! Seit Olympiaden verwalte ich das Amt des Predigers in der Wüste! In den Jahren der Blüthe habe ich Hekatomben geopfert dem Genius der Jugend und seiner Pracht und Herrlichkeit. In den Tagen des Lenzes habe ich dem Mai und seinen Wundern manchen Kranz auf den Altar gelegt. Zur Zeit des Friedens und seiner stillwaltenden Segnungen hab ich manch' kleinen Dichterspruch verkündet; so will ich auch in den Tagen, die sich allgemach verdüstern, wo statt der ausgestreuten Rosen der Abendröthe die Gluth der Wachtfeuer widerstrahlt am fernen Horizonte, — so will ich denn auch jetzt meine Stimme nicht verhüllen, und nach meinem Sinn und nach meiner Weise ein Paar Worte zu Euch reden. Zum Thema aber laßt mich die Uhland'schen Verse wählen:

„Schon rüsten sich die Heere zum Verderben,
Der Frühling rüstet sich zu Spiel und Reigen;
Die Trommeln wirbeln, die Drommeten werben,
Indeß die wilden Winterstürme schweigen.
Mit Blute will der Krieg die Erde färben,
Die sich mit Blumen schmückt und Blüthenzwei=
    gen. —
Doch — über ew'gen Kämpfen schwebt im L i e d e
Gleich wie ein Goldgewölk der ew'ge Friede!"

Schenket meiner Exegese ein willig Ohr und ein empfänglich Gemüth!

Als unser Herrgott lobebar
So etwa vor drei tausend Jahr
Just einmal im Begriffe war,
Sich seine Menschen zu beschauen,
Da überschlich ihn ein leises Grauen
Und er dachte sich: „Bei meinem Bart!
„Wie schlug doch mein Meisterwerk aus der Art!
„Wie ist doch Alles, vom Jungen in der Windel
„Bis zum Greis an der Krücke, ein leidig' Gesindel,
„Eine saubere Sippe! — Mich nähme Wunder,
„Taugte das Zehntheil nur einen Plunder!
„Ich seh's wohl ein — in Gottes Namen —

„Es braucht halt wieder neuen Samen!"
Dacht' sich's, — und schuf aus der Allmacht Born
Das erste Dutzend Germanen im Zorn.

Merkt auf, was unser Herrgott lobesam
Dazu für Elemente nahm:
Tausend Theile Ideologie,
Fünfhundert Theile Verstand, Philosophie,
Schwärmerei, Scholastik, Casuistik,
Eine Weltsportion Dämmerung und Nebulistik,
Viel Durst und viel Sentimentalität,
Von Thatkraft eine bescheidene Quantität,
Viel Gelehrsamkeit und wenig Praxis,
Ein halb Gran Vorsicht und Prophylaxis,
Etwas Lakaienextract, viel Büreaukratenmixtur,
Von Nationalstolz die Achtels-Dosis nur,
Tausend Theile Kosmopolitik und Humanität
Und ein Maul voll Freiheit und Liberalität!

Und als nun von der Sohle bis zu den Haaren
Die zwölf Teutonen fertig waren,
Lächelte der Schöpfer und sprach sogleich:
„Geht hin, wachset und mehret Euch,

„Lichtet Euren Bärenwald und erhebt Euch nur
„Nicht allzurasch auf den Scheitelpunkt der Cultur!"

Und sie gingen — Jeglicher auf sein eigen
 Revier,
Und es braute sich Jeder sein eigenes Bier,
Und es gründete Jeder seinen eigenen Stamm,
Wählte Jeder seinen eigenen Kaimakam!
Und es folgten Alle ihrem eigenen Kopf,
Und sie nahmen sich wechselweise beim Schopf,
Was dem Einen Ernst, was dem Andern Spott,
Sagt der Eine „Wist", sagt der Andere „Hott",
Was den Einen schmerzte, hat den Andern gefreut,
Und das nannten sie: „Germanische Einigkeit!"

Da ging der Schöpfer mit sich zu Rath:
„Mein Eid! Das ist eine schlimme Saat!
„Die Burschen haben's drauf abgesehen,
„Thut Jeder sein Theil, um den Andern zu
 schmähen,
„Tanzt Jeder nach seinen eigenen Pfiffen — — —
„Ich glaub', ich hab' mich im Zeug vergriffen!
„Wie fang' ich's nun an, daß mir's mag gelingen,
„Die Schlingel ins rechte Geleis zu bringen?"

Und wie er in seinem Geiste sann,
Fing just das Klingen der Sphären an.
Von seinem Othem angefacht,
Bewegten die goldenen Glocken sich sacht
Am Baum des Lebens im Paradies,
Und huben an ein Geläute süß,
Und aus dem siebenten Himmel drang
Ein leise verhallender Engelsgesang.
Da griff er in dieses Meer von Klängen,
Von Hoheliedern und Cherubsgesängen,
Und legte davon eine kleine Spur
In jedwedes Herz der Creatur.

Kaum fühlten unsre deutschen Progonen
Einen Hauch des Liedes in sich wohnen,
Da fuhr ein anderer Geist in sie,
Der Geist der Versöhnung und Harmonie.
Und sie schwammen in lauter Brüderlichkeit,
Vergaßen die Meinungsverschiedenheit,
Den profanen und den kirchlichen Streit;
Und waren sie erst wie Katze und Hund, —
Aus dem Liede erwuchs der deutsche Bund,
— Nicht der Frankfurter, sondern der wahre, ächte,
Der alle deutschen Geistesmächte

Vom Stilfser Joch bis hinab zum Belt
Mit heiligen Banden zusammen hält! — —

Wir tragen noch gegenwärtig die Spur
Von jener germanischen Urnatur,
Die da in Hader und Nergelei,
In Zwist und Sonderbündelei
Die eig'ne titanische Kraft vergeudet,
Sich und dem Nachbar das Leben verleidet,
Und häkelt um jede Kleinigkeit, —
Nur im deutschen Liede ist Einigkeit! —
So walte denn über uns allerwegen
Des himmelentsprungenen Liedes Segen,
Es mache uns im Frieden stark,
Es stähle zum Kampf uns Knochen und Mark,
Es hebe unsre betrübten Gedanken
Hoch über alle Philisterschranken,
Es sei unsrer Einheit Asyl und Hort,
Daß da wahr wird unsres Dichters Wort:
Ja über ew'gen Kämpfen schwebt im Liede
Gleich wie im Goldgewölk der ew'ge
Friede! —

Vierzehnte Predigt.
Maifest der Münchener Sänger und Künstlergenossen 1860.

Der deutsche Dichterwald ist gottlob noch reich bestockt, und es hat auch nicht den Anschein, als ob der Same so bald ausginge. Nach einer flüchtigen Berechnung treffen auf zehn Deutsche neun Poeten, und auf diese neun Poeten durchschnittlich acht Lyriker, deren jeder wenigstens alle Quatember von „Lenz und Liebe" singt. Lasset uns, o Freunde, der weisen Vorsehung danken, welche zur Ausgleichung dieses unabweisbaren Verhängnisses dem Lenz eine Proteusgestalt verlieh, die mit ihren unerschöpflichen Metamorphosen noch etliche Legionen von Dichtern mit „schätzbarem Material" versehen kann.

Da nun aber — was dem Einen recht, auch dem Anderen billig ist, so könnt Ihr mir's nicht verargen, wenn auch ich einen kühnen Griff in die Saiten meines Psalters wage, und dem erwachenden Lenze einen Poetengruß bringe:

„Willkommen, o Mai, du grünlockiger Schelm!
„Staubfaden dein Spieß und Maiglocke dein Helm,
„Waldlaub dein Banner, Maikäfer dein Roß,
„Libellen und Immen dein Hofstaat und Troß,
„Waldmeister dein Schenke, und Schlüsselblum
„Dein Kammerjunker ad intimum!
„Schnacken und Mücken deine Hofjournalisten,
„Fink und Drossel deine Kammerflötisten.
„Glockenblumen deine Ministranten,
„Schmetterlinge deine Legaten und Gesandten,
„Nachtigall dein geheimster Rath,
„Und der Spatzen Chor dein Proletariat!
„Sei uns gegrüßt, du duftdurchdrungener,
„Blumenbekränzter, blüthenumschlungener,
„Keimblatt sprengender, Knospen entfaltender,
„In unaussprechlicher Gnade waltender
„Holdseliger Zauberer, du junger Mai
„Mitsammt deiner ganzen Clerisei!! —"

So rief ich, als mir im besten Staat
Der feine Jüngling entgegen trat,
Und dachte mir: Nun, jetzt hast du den Jungen
Doch wahrhaftig nicht übel angesungen,
So daß er ob deiner Manirlichkeit,

Ob deiner Verse Zierlichkeit
Sich — beim delphischen Gott! — nicht beschweren
kann!

Doch der Mai sah mich kalt und betroffen an
Und erwiderte mit den ernsten Worten:
„Alt bist du, doch nicht klug geworden,
„Sonst hätt'st du mit abgedroschenen Phrasen
„Mich nicht so erbärmlich angeblasen!
„Ich will Dir sagen, wer ich bin, —
„Merk's, und bewahr es in deinem Sinn:
„Ich bin des Winters mißrathener Sohn!
„Ich stahl meinem Vater Diadem und Kron'!
„Auf Orkanen zog ich ein in den Landen
„Die Stürme waren meine Gesandten,
„Meine Braut die Windsbraut, mein Knecht der
Frost,
„Wasserfluth mein Geleite, Thränen meine Kost!
„Die Mutter rüttelt' ich aus dem Schlaf,
„Nahm ihr Decke und Leintuch, wo ich's traf,
„Ihre ruhigen Träume hab ich gestört,
„Ihre eigenen Kinder wider sie empört,
„Daß sie hohnlachend aus den Banden
„Ihrer umrankenden Arme sich wanden,

„Und ohne zu achten auf ihr Härmen
„Nun für Luft und Licht und Freiheit schwärmen!
„Ich bin nicht so zahm, wie du wähnst, und so zierlich,
„So knabenhaft schwärmerisch, fein und manirlich,
„Und du irrst dich, Geselle, gewaltig groß,
„Wann du glaubst, Maikäfer sei mein Roß,
„Maiglocke mein Helm, und mein' Hellebard'
„Der Staubfaden von einem Blümlein zart.
„Nein! Wenn ich einreite siegestrunken,
„Sprüh'n von meines Rosses Huf die Funken,
„Es blitzt mein Flamberg im Schlachtengedränge,
„Wann ich Ketten zerschlage und Fesseln zersprenge!
„Ich bin ein gewaltiger Recke, mein Freund,
„Und kein Carnevalsschnacke, wie du thöricht ge=
meint!"

Erst, als ich diese Rede vernommen,
Bin ich etwas in Verlegenheit 'kommen;
Doch, schnell wieder gefaßt, rief ich ihm zu:
„Auch also, o Mai, sei willkommen Du!
„Willkommen mit deiner Stürme Wehen,
„Die uns künden ein nahendes Auferstehen,
„Willkommen mit deinen Wassergüssen,
„Drin unsere Sünden ersäufen müssen!

„Zieh' nur ein auf den Fittigen des Orkans:
„Im Wettergebraus zeigt der Mann sich ganz!
„Rüttle auch uns aus der thatlosen Ruh,
„Stiehl uns das Leintuch und die Schlafmütze dazu!
„Bist Du ein Held, kühn sonder Gleichen,
„Sei uns zehnfach gegrüßt: wir brauchen der=
gleichen;
„In unserm zerklüfteten Land all' Orten
„Ist dieses Genus selten geworden!

„Und also, mein Recke auserkoren,
„Sing uns ein kühnes Lied in die Ohren;
„Dein Athem stähle uns Bein und Mark,
„Er mache die Hände uns rüstig und stark,
„Daß sie in den Säbelkorb passen hinein,
„Als ob sie drin eingewachsen sei'n!
„Sei uns willkommen, entfesselnder Mai,
„Mach uns, wie Du bist, stark, freudig und frei,
„Und laß unsrer heiligen Wünsche Samen
„Einem fruchtreichen Sommer zureifen. Amen!"

Fünfzehnte Predigt.
Künstler-Maifest 1861.

Ich spüre, daß ich überständig werde, wie eine Wettertanne. Drum muß ich mich beeilen, Euch vor meinem Sonnenuntergang noch von dem und jenem Kunde zu geben, was Euch zu wissen nützlich ist, bisher aber noch keinen Drucker und Verleger gefunden hat, um es zu einem wünschenswerthen Gemeingut der ganzen Menschheit zu machen. So will ich denn heute ein Calendarium bringen, das Euch manches Mysterium der Natur enträthseln wird. Merkt auf, Ihr Freunde, und nehmt Euch's wohl zu Herzen!

Zwar steht im ersten Buch Mosis geschrieben
Capitel eins, Vers zwanzig und sieben,
Daß Gott an Einem Tage nur
Geschaffen die Menschencreatur.

Doch ist das nur parabolisch zu deuten;
Denn ich hab's von ganz verläſſigen Leuten,
Daß der Schöpfer trotz seiner Almacht und Stärke
Ein Jahr gebraucht zu dieſem Werke,
Und daß er nach ſeiner Weisheit Plan
Damit juſt im Monat Juni begann.
Hört, wie ich Euch getreulich berichte
Diese Episode der Schöpfungsgeschichte.

Item — im Brachmonat schuf der Herr
Die Hitzigen, die Sanguiniker,
Die Radicalen und Sozialiſten,
Die Zeitungsschreiber und Renommiſten,
Die Kollerer und ihre Vettern,
Gleichzeitig mit den Blitzen und Donnerwettern,
Dieweil er dachte in seinem Herzen:
„Die können das Warten nicht verschmerzen!"
Im Juli erzeugt' er die Verſtändigen und Klaren,
Die Männer mit wenigen oder keinen Haaren,
Die Frauen mit scharfen, spitzigen Nasen,
Die Philosophen und Stadtfraubasen,
Die Doktor und Magister mit dem großen Gehirn
Und dem Schweis der Gelahrtheit auf der Stirn.
Im Auguſt da füllte ſich auf ſein „Werde"

Mit Conservativen die liebe Erde,
Mit Philistern und Bürgern allerlei
Und mit der löblichen Polizei.
Im September, da vom Segen die Bäume strotzen,
Entstunden die Spekulanten und Protzen,
Die Couponsabschneider und Geldeinsäckler,
Die Kornwucherer und Gütermäckler,
Die Rentiers et cetera
Und des Rothschild's Ururgroßpapa.
Im Oktober, bei kühlerer Temperatur,
Schuf er — ein Sinnbild der Natur —
Die alten Jungfern und Junggesellen,
Die aus Bescheidenheit sich nicht vermählen,
Die Zwischlachtigen, halb Warmen halb Kalten,
Und die Blaustrümpfe, die für Genies sich halten.
Im November erwuchsen von Gottes Gnaden
Die Auto= und Büreaukraten,
Bebrillt die Nasen, die wohlbedächtigen,
Die Alles Wissenden und Allmächtigen,
Vor denen sich die Welt muß kuschen,
Und die unserm Herrgott in's Handwerk pfuschen.
Und da ihre Zahl ist Legion,
So mußte sich der Schöpfer schon
Nolens volens dazu bequemen,

Auch den Dezember zu Hilfe zu nehmen.
Der Januar brachte ein trauriges Genus,
Die Verächter von Apollo und Venus,
Mit Grimm im Herzen und Wermuth auf der
                                    Lippe,
Die Melancholiker und ihre Sippe,
Die Tyrannen, die Feinde aller Musen,
Und die Mädchen mit einem Stein im Busen.
Im Februar entstund aus Schnee und Eis
Der kalte Diplomatenkreis,
Und Gott besäh'te die blassen Gespenster
Mit Sternen, gleich den Eisblumen am Fenster.
Im März aber wuchsen mit den Veilchen dann
Die Mädchen unter seiner Hand heran,
Die holdseligen, liebekosenden,
Dem nahenden Frühling entgegen sprossenden.
Daneben schuf der Herr der Welten
Die himmelstürmenden, feurigen Helden,
Und um auf dies Licht auch Schatten zu haften,
Gab er ihnen die Märzerrungenschaften.
Im April bildeten sich die Narren und Fexen,
Das Geschlecht der lichtscheuen, alten Hexen,
Die Stillen im Land, Pietister und Mucker,
Und dergleichen armselige Schlucker.

Und aber — im wundervollen Mai
Im Monnt unsterblicher Poesei,
Im Mai, wo alle Knospen springen,
Die Nachtigallen und Grillen singen,
Da schuf der Herr in Gnad und Gunst
Seine Lieblinge, die Jünger der Kunst,
Die Maler, die Sänger und Poeten,
Der Schönheit Missionäre und Propheten,
Und goß der Wonnezeit Dichtung fein
Vollfluthig in ihren Busen hinein!
„Wenn auch" — so dachte der Herr der Creatur —
„Die Schlingel mich und meine Natur
„Manchmal verhunzen mit Kreide und Oel.
„Mit schlechten Versen und staubiger Kehl';
„So sind sie doch, bei meiner Seel',
„Wenn überall droht der Prosa Vernichtung —
„Die letzten Samenträger der Dichtung!"

So dachte der Herr sich wohlverstanden.
Nun geht hin, und macht sein Wort nicht zu
Schanden!

Sechzehnte Predigt.
Fest der Münchener Sängergenossen 1861.

Geliebte! Es liegt in der Frühlingsluft, daß man zum Dichter wird. Dem Poeten aber ist Alles erlaubt, und wenn er sich selbst eine Schöpfungsgeschichte nach eigenem Geschmacke componirt, so kann's ihm kein Censor wehren, und er braucht keinen Index zu fürchten. Also wollet mir freundliche Nachsicht schenken, wenn meine Worte anders klingen, als jene des Pentateuchs, und ich an diesem sonnenglastigen Lenzmorgen die Dichtung vor der Wahrheit gelten lasse!

Es steht geschrieben: Am Anfang war
Das Wort der Gedanke, unsichtbar,
Unkörperlich, endlos, ohne Zeit und Zahl,
Die sinnende Gottheit im leerem All, —
Bis sie in sehnsuchtsvollem Verlangen

Aus dieser Einsamkeit herausgegangen,
Um ihre Schöpferkraft zu besiegeln,
Und sich in der Creatur selbst zu bespiegeln;
Der Gottesgedanke war kaum gedacht,
So war auch die Welt schon hervorgebracht, —
Ein Chaos von Stoffen und Kräften,
Ein Weltmeer von quallenden Lebenssäften,
Eine Fluth von gährenden Elementen,
Von Creaturen ohne Zahl und Enden!
Doch — in der jungen Schöpfung quoll
Ein Sturm und Drang, übermächtig und toll;
Wollt' Jedes sein Recht mit Gewalt erzwingen,
Wollt' Eines das Andre vom Platze bringen, —
Ein Widerstreit ohn' Ziel und Ende,
Ein entsetzlicher Kampf aller Elemente! — —

Da war's, daß dem Herrgott lobesam
Der unsterbliche Gedanke kam:
„Soll ich, bei meines Bartes Haaren,
„Am eigenen Geschöpf erfahren,
„Daß ohne Ordnung, Gesetz und Regel
„Der Gewalt'ge nur Recht hat und der Flegel?"
Und seine Stimme klang aus der Wolke:
„Ich will Friede haben mit meinem Volke,

„Und zum Zeugniß dessen ihm zumal
„Eine Verfassung geben, gerecht und liberal!"
Sprach's, und berief das erste Parlament. —
Der Winter war Alterspräsident,
Der Herbst, ein kräftiger, gesetzter Mann,
Der prächtig fractura schreiben kann,
Ward erwählt zum ersten Secretär,
Und der Wind ward Regierungscommissär.
In der Gesandtenloge saß der Kranich schlank
Und der wandernde Storch. Auf der Ministerbank
Saßen die sternbesäten Firmamente,
Als Journalisten fungirten Bär und Ente. —
Kaum war die Eröffnungsrede gehalten,
Hat die Kammer sich auch in Fraktionen gespalten.
Links saßen die Tage, der Lenz und das Licht,
Das Morgenroth mit dem Rosengesicht,
Die säuselnde Luft und die Blumengeister,
Und die Nachtigall machte den Clubmeister.
Die Dämmerung aber setzt' sich auf die Rechte,
Der Schnee und Frost und die lichtlosen Nächte,
Orkan und Sturm und ihre Genossen,
Die Eisblumen, die im Winter sprossen,
Und den grollenden Donner, den Wolkenbrecher,
Erküreten sie zu ihrem Sprecher.

Die Debatte begann. Es galt die Frage,
Wem man das Präsidium übertrage.
Ein titanischer Kampf, ein gigantisches Streiten
Beginnt auf des Hauses beiden Seiten,
Der Sinn wird verdüstert, die Sprache verwirrt sich,
Wie damals in Deutschland anno acht und vierzig.

Als just auf's Höchste der Kampf entbrannt,
Erhob sich vom Stuhle ein junger Fant,
Und sprach mit Lächeln: "Ihr lieben Herren,
„Was hilft dies Hin- und Widerzerren?
„Ihr tobt und lärmt, wie das wilde Corps,
„Und — lockt keinen Hund hinter'm Ofen vor.
„Ich zeig Euch den Weg aus dieser Verwirrung:
„Wählt mich zum Präses. Ich kenn' die Hand-
thierung!" .

Das ganze Schöpfungsparlament
Vom linken Anfang bis zum rechten End'
Sprang auf, und heulte Zeter und Mord
Ob diesem unverschämten Wort!
Doch — als sich die Blicke rings im Saal
Auf den Jüngling wandten, ward 's stille zumal;
Denn ein Glanz ging von ihm, und sein schönes
Haupt

Von jungen Rosen war's umlaubt.
Duft träufte die Locke; die Stimme klang
Wie girrender Nachtigallen Gesang;
Es quoll wie Blüthen von seiner Hand,
Schönheit war seiner Lenden Gewand,
Sein Wort eine mahnende Lenzesregung,
Ein harmonischer Rhythmus seine Bewegung,
Seine Stirne so offen, sein Blick so frei,
Der entknospeten Blume gleich im Mai.
Und als er nun anhub weiter zu reden,
Da lauschten ihm Alle, gleich einem Propheten;
Denn ihm troff's von den Lippen, wie Honigseim,
Wie Perlen reihte sich Reim an Reim,
Und in melodischer Senkung und Hebung
Gewann seine Stimme Reiz und Belebung,
Bis er mit Lächeln zuletzt gestund:
„Unser Herrgott schuf mich in glücklicher Stund';
„Ich bin ein König und ein Held,
„Ich besiege die Welt, und bezaub're die Welt;
„Wo ich Einkehr halte, wo den Gruß ich biet',
„Da bring' ich Versöhnung! — Ich bin das Lied!!"

Mit jedem Worte ward's stiller im Saal —
Wie war da geschlichtet des Streites Qual,

Wie gingen da rasch versöhnend die Händ' rum
Vom Centrum zur Rechten, von der Linken zum
                              Centrum,
Bis endlich, gleich wie von Zauber befangen,
Sich brüderlich Fortschritt und Rückschritt um=
                              schlangen,
Und im Jubel ausbrach das Parlament:
„Das Lied — das Lied unser Präsident!"

Und unter des Liedes Flügelschlag
Fing's an zu sprossen aller Orten,
Es besternte die Nacht sich, gleich dem Tag,
Und die Schönheit ist Aller Meisterin 'worden!
Und dem Frieden gelang's, daß den Streit er tödte,
Und die Hoffnung ging auf, wie Morgenröthe,
Und das Blühen begann, und wollte nicht enden:
Gib uns allzeit, o Herrgott, solch' einen Präsidenten!
         Amen.

Siebzehnte Predigt.

Deutsches Sängerfest in Nürnberg 1861.

eines Athems Wehen rühret an meine Seele, du Geist des heiligen, deutschen Liedes! Ich sehe deine Flammenzunge leuchten über mir — — o gib, daß ich pfingstfestlich rede, — daß meine Worte wie Apostelworte zu allen Herzen dringen und verkünden das Evangelium von der Versöhnung, die du uns bringen und damit vollenden willst den neuen Bund allgemeiner deutscher Verbrüderung! Gib meiner Rede die rechte Kraft, und Allen, die mir zuhören, das rechte Verständniß!

Ihr lieben Brüder von Sanges wegen!
Wohl ist man Euch viel in den Ohren gelegen
Mit Liedern, Chören, Tutti's und Soli's,
Mit Reden, Toasten, Bruderschaft und Schmolis,
Daß ich Euch's, bei Gott, nicht verargen kunnt,

Wenn's Euch im Kopfe hunderbunt
Wie weiland dem Famulus des Magisters Faust
Gleich einem wirbelnden Mühlrad brauft.
Doch drängt mich's, noch etliche Wörtlein zu sagen,
Die Euch — will's Gott — aus den bewegten
            Tagen
Der poetischen Gegenwart wie Wandersegen,
In die stille Heimath geleiten mögen. —

Ihr habt über Deutschlands Größe und Einheit
Ueber seines Namens Glanz und Reinheit
Euch expektorirt in Lied und Worten,
Daß Euch die Kehlen wund geworden.
Nun versucht einmal ein Stücklein That,
Gebt Zeugniß, daß Eure Red' nicht des Windes
            Saat!
Hie Preußen und Oesterreich — reicht Euch die Hand,
Hie ein einziges deutsches Vaterland!
Wir verpönen das Wort — das heillose Wort,
Wir kennen kein Süd, wir kennen kein Nord,
Wir verfluchen die Phrase — der Teufel hol's —
Wir sind geschnitten aus Einem Holz —
Wir sind wie Blätter der Blumenkron',
Ein Blatt ist nichts — ist des Windes Hohn! —

Wir kennen kein Westen und kein Osten!
Soll unsr'e Ehre verkümmern, verrosten,
Wenn die heillose Phrase, die gottverfluchte,
Noch einmal den Weg über die Lippen suchte!
Tauft der Vater die Söhne manigfalt,
Sind sie verschieden an Gestalt,
An Art und Sitte — so ist das nur
Ein wandelbar' Gesetz der Natur.
Doch verbleiben sie eines Hauses Erben,
Verbunden, verkittet vom Leben zum Sterben;
Ein Riß in der heiligen Kette, ein Bruch —
Und des Hauses Segen geht über in Fluch! —

O Vaterland Du, so theuerwerth,
Du unsre Heimath, Haus und Heerd,
Du, das ganze, ungetheilte, große,
Nicht zersetzt durch die Querstrich' der Windrose;
Du unsrer Väter freieigenes Land,
D'rauf unsrer Kindheit Wiege stand,
D'rauf wir der Jugend Spiele gepflogen,
Das uns zu Männern groß gezogen, —
Unser Aller gemeinsames Erbe Du,
Dir rufen wir's tausendstimmig zu:
„Wir kennen kein Süd, wir kennen kein Nord,

Verflucht sei das heillose Jammerwort!"
Das wollen wir künden, Einer dem Andern,
Wohin wir zieh'n, wohin wir wandern,
Von den Alpen zur Donau und zum Meere, —
Der Einigung wahre Missionäre,
Herrgott im Himmel, wir schwören dir's zu,
Gib uns den Muth und die Kraft dazu!
Das sei die Krone, das sei der Knauf,
Den wir dem Festdom setzen auf —
Wir leben und wir sterben d'rauf! — Amen.

Achtzehnte Predigt.
Deutscher Künstlercongreß in Salzburg 1862.

—

Da ich meine Stimme will erheben unter Euch, bedünkt es mich, als trete Einer und der Andere an mich heran, um mich zu schelten gleich einem falschen Propheten; als schleudere mir der und jener die Frage ins Gesicht: „Was will der Bureaukrat unter den Künstlern? Wer gibt Dir Fug, Du peregrinus in Israel, zu uns zu reden gleich Einem, dem's zusteht?"

So will ich Euch denn verkünden, was Euch bisher noch ein Mysterium war. Es besteht eine engere Verwandtschaft zwischen Euch Kunstjüngern und uns Finanzbeamten als ihr ahntet! Ihr studiert den Akt, wir die Akten — Beide oft ohne sonderlichen Profit. Ihr beschäftigt Euch mit dem Baumschlag, wir mit dem Schlagbaum; Ihr mit dem Mittelgrund, wir mit den Grundmitteln. Ihr rechnet auf den

Erfolg Eurer Kunst; wir verkünsteln unsere Rechnungen mit Erfolg. Ihr steuert der Schönheit und zollt dem Ideale? wir versteuern und verzollen Alles! Eine kleine Paronomasie, — und jeder Büreaukrat ist zum Künstler umgewandelt!
Also bin auch ich kein Fremdling unter Euch, und darf meine Stimme erheben, die da klingt wie die Stimme des Rufenden in der Wüste, darauf Ihr achten sollet:

Ihr Männer von Elbe, Spree und Main,
Von der Donau, von Schwaben und vom Rhein,
In den Alpen erzeugt, aus den Marschen entsprossen,
All' Ihr teutonischen Kunstgenossen,
Ihr Genremaler und Porträtirer,
Ihr Litho-, Photo- und Galvanographirer,
Ihr Schwärmer für Stillleben und romantische Dichtung,
Ihr Adepten der historischen Richtung,
Ihr Bauherren und Ihr Architekten,
Ihr Vertreter aller Künstlersekten
Uns'res proteusgestaltigen Vaterlands!
Hier in der Bucht des Alpenrands,
Wo der keuschesten Schönheit Fülle zumal
Unser Herrgott ausgoß über Berg und Thal,

Hier grüßt Euch in wohlgereimten Stanzen
Ein Büreaukrat von der Sparte der Finanzen! —
Wohl versucht' ich's, doch konnt' es nicht ge=
lingen,
Euch früher einen Willkomm' zu bringen;
Denn von den dreihundert Kunstverwandten,
Die begeistert hieher zum Congresse rannten,
Zählt' ich in dieses Saales Raum
Gestern Abend ein Dutzend Getreue kaum.
Wahrhaftig, es ging wie zu jenen Zeiten
Mit der stolzen Armada Philipp des Zweiten,
Die so reich beflaggt im Hafen stund:
Afflavit Deus, et dissipati sunt! —

Afflavit Deus! — der Duft vom Wein
Aus St. Petri kühligem Kellerlein,
Der prickelnde, schäumende Hopfengeist
Vom Stiegelbräu, oder wie er heißt
Des Gastfreunds Töchterlein, wie's lebt und leibt,
— Das war der Sturm, der die Massen zerstäubt!
Beim Zeus! Ist das ein Künstlerparlament,
Wo ein Jeder nach seinen Gelüsten rennt,
Und, ehe der Löffel vom Festschmaus trocken,

Schon wieder thut bei der Weinprobe hocken?
Ich frag', wofür Salzburg, die edle Stadt,
Diesen Saal Euch geschmückt und bekränzet hat?
Hier sei die Arena, Ihr Freunde, hier
Für Banquettiren, Tjost und Turnier!
Die Schranken sind offen, frei ist der Plan,
Legt Eures Witzes Lanzen an,
Hier gilt kein Säumen und kein Träumen,
In diesen gefeiten, geweihten Räumen
Laßt Euren Phantasus courbettiren,
Den leuchtenden Humor zur Parade führen,
In Perlen aufsteigen, wie jungen Wein,
Und Funken sprüh'n, wie Nordlichtschein.

Und aber — das Beste, was uns gilt,
Hier, meine Freunde, hängt der Schild
Das Schibolet unsrer kleinen Schaar:
Mit dem Künstlersigill — der deutsche Aar!
Hier sind unsre Penaten und Laren:
Das deutsche Banner, unter dem wir uns schaaren!
Hier ist gut sein, Ihr Männer und Frauen,
Drum laßt uns hier eine Hütte bauen,
Ein flüchtiges Karavanenzelt,
Das uns etliche Stunden zusammen hält,

Bis tief sich's im Gemüthe regt,
Daß Alle uns Ein Drang bewegt,
Ein Puls pulsirt in unserm Herzen,
Eine Quelle quillt von Freud' und Schmerzen;
Daß wir, als Eines Hauses Erben,
Verkettet sind zum Leben und Sterben,
Und selbst in Thaten und Gedanken
Alle an Einem Siechthum kranken!
Daß wir die gleiche Sprache sprechen,
Wo sich der Nordsee Wogen brechen,
Bis wo in des Unterberges Schooße
Der Auferstehung harrt Kaiser Karl der Große!
Daß wir die gleichen Lieder singen,
Der gleichen Kunst unf're Kränze bringen!
Dir, du keusche, heilige, deutsche Kunst!
Dazu verhelf' uns Gottes Gunst. — Amen.

Neunzehnte Predigt.
Erster deutscher Sängercongreß in Coburg 1862.

Freunde! Wollet mir verstatten, daß ich Euch in etlichen Worten verkünde, was mir eben für Botschaft vom nachbarlichen Harzgebirge zugekommen. Ich will's just nicht verschwören, daß Alles wahr dran sei; aber — unser Hergott walte, daß Alles wahr wird! —

Das war im Jahre sechzig und zwei
Im Monat September so eben,
Da ging zu Coburg im Itzgrund los
Ein ganz gewaltiges Leben.
Da ward geredet und parlamentirt
In allen Sprachen und Zungen,
Daß der Lärm bis an das Harzgebirg

Und bis zum Kyffhäuser gedrungen.
Und aber — tief in des Berges Schooß,
Wo in kryſtallenen Zellen
Der Kaiſer Barbaroſſa ſchläft
Mit ſeinen Schlachtengeſellen,
Da ward es lebendig; es begann
Sich unter den Helden zu regen,
Und der Rothbart verſuchte es, den Kopf
Auf die andere Seite zu legen.
Und gähnend brummte er in den Bart:
„Was bedeutet doch der Spektakel?
„Iſt's ein Nothſignal? Ob das deutſche Schiff
„Wieder kreuzt ohne Steuer und Takel?
„Hat wieder zum Schlachtfeld umgepflügt
„Mein Volk die geſegneten Fluren?
„O ich kenne die Burſchen, beim ewigen Gott,
„Und ihre zwieträch'gen Naturen!
„Geh, Roland*) mein Schildknapp, ſchau Dich um
„Und bring mir ſichere Kunde;
„Das Sicherſte erfährſt Du wohl
„Zu Frankfurt beim deutſchen Bunde.
„Und ſollten die Eſchenheimer Herr'n,

---
*) Dieſe Metabole der Perſon wird der freundliche Leſer der poe-
tiſchen Lizenz in die Schuhe ſchieben müſſen.

„Wie dies öfter geschieht, nichts wissen,
„Lauf' dem Schall' nach, Junge, und lasse Dich
„Das Kundschaften nicht verdrießen."
Barbarossa sprach's. Der Bote wandt'
Sich gegen der Halle Pforten,
Nahm Helm und Schwert vom Nagel herab
Und that nach des Kaisers Worten.
Und aber nach einer kurzen Frist
Kam Roland wieder gegangen:
Wie klang sein Schritt, wie glänzte sein Aug',
Wie glühten voll Feuer die Wangen!
„Herr Kaiser, Herr Kaiser, nun mögt Ihr bald
„Den Schlaf aus den Augen Euch reiben!
„Ich habe die Epigonen belauscht,
„Ihr edeles Thun und Treiben.
„Es war nicht zu Frankfurt, da haben sie schon
„Die Stutzen abgeschossen!
„Es wird ein neuer, gottfreudiger Bund
„An der Veste zu Coburg geschlossen.
„Zwar wurden der Worte viel verpufft,
„Bis sie endlich im Reinen waren:
„Doch ich sag' Euch, Herr Kaiser, mir sind —
      beim Christ! —
„Die Thränen in's Auge gefahren.

„Nun schreiben sie just ein Dokument
„Auf Leben und auf Sterben,
„Daß sie eines Landes Söhne sei'n
„Und eines Namens Erben;
„Daß einer Sprache heiliges Band
„Verbinde Herzen und Hände, —
„Und das deutsche Lied, dem Gott genad',
„Ist das Siegel im Dokumente!
„Herr Kaiser, Herr Kaiser, zu Coburg wird
„Nicht blos in's Blaue geschossen;
„Ich denke aus diesem Samen wird
„Eine goldene Ernte sprossen.
„Herr Kaiser, sie wollen zu Coburg Euch
„An's bald'ge Erwachen gemahnen!"
Da erhob sich der Rothbart vom Tisch und sprach:
„Meinen Segen d'rauf, Volk der Germanen!"

Zwanzigste Predigt.
Deutscher Künstlercongreß in Weimar 1863.

Genossen und Freunde der Kunst! Ich habe heute eine schwere Mission zu erfüllen. Eine männliche Cassandra soll ich meine prophetischen Worte über Eure Häupter hinrollen lassen, um Euch vor dem hereinbrechenden Verhängnisse warnen! So sei es denn, und der Apostel unsterblicher Schönheit, genannt Wolfgang Goethe, dessen Geistes Wehen wir hier an der Stätte seines reichsten Wirkens noch allgewaltig verspüren, leihe mir den Text zu meiner Predigt, der da lautet:

„Ach, zu des Geistes Flügeln wird so leicht
Kein körperlicher Flügel sich gesellen."

Möge mein Wort nicht blos in Eure Ohren, sondern auch in Eure Herzen dringen, und dort Verständniß und Erwägung finden!

Ihr Herren aus Nord, Süd, West und Ost,
Wo der Hopfen sich bräunt und die Rebe sproßt,
Ihr Künstler aus allen Regionen,
Aus Deutschlands kalten und heißen Zonen:
Zwar bin ich — ich mache draus kein Hehl —
Ein peregrinus in Israel;
Doch habt Ihr den Frater Hilarius
Durch rechtkräftigen Parlamentsbeschluß
Und durch Professor Hübners Gunst
Gestempelt zum Genossen der Kunst
In Salzburg an jenem schönen Morgen;
Nun mögt Ihr auch für den Schaden sorgen.
Denn nun hab ich — bei den Musen und ihren
Geschwistern! —
Auch das Recht, Euch ein Wörtlein zuzuflüstern.
Wie, habt Ihr Euch nicht arg versündigt?
Der Journalistik den Prozeß verkündigt?
Hat Euer Hohn — Gott sei's geklagt —
Nicht frevelnd an der Kritik genagt?
Ich seh' sie im Geiste, die Rezensenten,
Wie das Schwert sie gürten um die Lenden,
Wie sie zu Eurem Entsetzen und Grauen
Eure Bilder in die Pfanne hauen,
Kraft ihrer literarischen Reichsstandschaft

Eure Historie bemakeln und Eure Landschaft,
Wie sie ein Meisterwerk um's andere begeifern,
Wider Eure Koryphäen eifern,
Und behaupten, daß ihnen — nach unserem
 Text —
Zum Wollen kein Flügel des Vollbringens wächst!
O Ihr kennt es nicht, dies gewalt'ge Geschlecht,
Und ist's nicht der Haßler, so ist es der Pecht!

Wohlan denn, Ihr Herren, so hört meinen
 Rath,
Opfert der Journalistik Hekatomben,
Eh' sie mit der Lunte dem Zündloch naht,
Und Euch beehrt mit Granaten und Bomben.
Wählt Euch (was liegt denn schließlich dran?)
Ein honettes Genossenschaftsorgan,
Das gegen anstandsvolle Gewährung
Behilft zu Eurer Kunst Verklärung,
Und Eure Congreßacten nebenbei
Glücklich befördert zur Druckerei.
Denn daß eine Zeitung existiren soll,
Die, todesmuthig und opfervoll,
Umsonst hiezu bietet der Spalten Raum, —
Beim ewigen Zeus, das glaub' ich kaum! —

Doch — hinweg nun, ihr Parlamentsgedanken,
Jetzt, wo an des Glases kryftallene Flanken
Der Wein seine duftigen Perlen hängt,
Und sein Witz den nüchternen Ernst verdrängt;
Jetzt, wo uns an des Abschieds Schwelle
Die reizenden Bilder alle zur Stelle,
Die magischen Phantasmagorieen,
Die wir genossen im Vorüberfliehen!
Und ob auch in wilden Regengüssen
Feston und Laterne ward zerrissen,
Und ob uns trotz Döpler und trotz Schorn
Der Himmel nicht schonte mit seinem Zorn:
Das Schöne kommt selten zur Vollendung!
Wir ahnten die Fülle der reizenden Spendung,
Wir wissen, daß hie noch zu dieser Frist
Die Luft mit Dichtung geschwängert ist,
Daß hie noch die Schönheit, der Gott genad',
Ein Bürgerrecht und — ein Fürstenrecht hat!
Um dieser gottfreud'gen Erfahrung willen
Mag sich der Himmel mit Wolken füllen,
Mag's regnen und stürmen, daß sich's verlohnt, —
Wir Münchener sind das schon gewohnt.
Sei's aber, daß Einer an Wassergüsse
Post festum sich erst gewöhnen müsse,

Den verweisen wir auf Parlamentsbeschlüsse,
Auf Congreßsitzungen et cetera,
Dort mache er seine Studia,
Damit er begreife, was es heißt!
„Ueber den Wassern aber schwebt Gottes Geist!"

Einundzwanzigste Predigt.

Stiftungsfest der Münchener Liedertafel. Sunnwend 1863.

Jeglicher Scherz, meine Lieben, kann ein ernstes Wort vertragen. Wie dem rechtschaffenen Manne, der des Namens werth ist, nicht alsogleich der Kummer mit Schwabacher Lettern auf der Stirne gedruckt steht, so hat er auch in den Stunden, da die Springfluth seligen Wohlbehagens hoch geht, ein Verständniß vernünftiger Mahnung. In diesem Sinne will ich, Euer alter Feldpater, zu Euch reden. Meinen Text aber bilde Uhlands unsterbliches Wort:

„Fahret wohl, geheime Kunden,
Nekromantik, Alchymie!
Formel hält uns nicht gebunden,
Unsre Kunst heißt — Poesie!"

Schenke mir, duftiger Abend, ein Sonnenstäubchen deines rosigen Lichts, daß es helle wird in mir, und aus meinen Worten Klarheit und Wahrheit leuchte!

Mozart — verleih' ihm Gott zumal
Ein' fröhlich' Urständ! — saß einmal
Dichtend und sinnend am Klavier;
Da klopft es plötzlich an die Thür,
Und mit herrischem, unverzagtem Schritt
Ein junger Mensch in's Zimmer tritt.
Der macht sich breit über alle Maßen,
Hat den Meister zu Wort nit kommen lassen,
Fällt mit der Thür ins Haus sofort
Und sagt, er sei mit einem Wort
Ein Musikus, wie sich wenige finden.
Drauf perorirt er von Terzen und Quinten,
Von Stimmung und von Harmonie,
Von Takt und Contrapunkt, als wie
Ein fermer Doktor am Katheder,
Und endlich zieht er gar vom Leder,
Und reicht dem Meister lobebar
Sein neuestes Compositum dar.
 Der Mozart nimmt es lächelnd hin,
Sieht bald in's Heft und bald auf ihn,
Läßt den Blick von Zeil' zu Zeile wandern,
Umschlägt ein Blättlein nach dem andern,
Und wie er fertig ist, da gibt
Er ihm zurück das Manuscript,

Und sagt: „Mein Freund, das Ding hat Art,
„Man sieht, daß Ihr in der Schule war't;
„Steht jede Note, wie's sein muß,
„Es fehlt nur Eins — — der Spiritus!
„Was hilft Euch aller Regeln Zwang,
„Gebricht's der Seele am Gesang,
„Fehlt Euch der Dichtung heil'ge Macht:
„Der Geist ist's, der lebendig macht!
„Der Buchstab' aber und die Noten
„Gehören in das Reich der Todten." — —
Ob das Ereigniß historisch sei,
Das, Freunde, gilt uns einerlei;
Am Sinn des Wortes halten wir,
Daraus die Wahrheit leuchtet für!
All' Dichten ist ein traurig Ding,
So lang es nur ein Reimgekling;
All' unser Malen bleibt geschmiert,
Wann nicht der Geist den Pinsel führt;
All' unser Singen und Gedudel
Lockt vor den Ofen keinen Pudel,
So lang des Spiritus Gewalt
Aus jedem Ton und Takt nicht hallt.
Nicht Cimbeln und Trompetenschall,
Nicht Wortgeklingel und Phrasenschwall,

Nicht claire obscure und Farbenpracht, — —
Der Odem, der lebendig macht,
Das ist: der Geist der Poesie!
Ihm huldiget und beugt das Knie!
Und soll Euch künden meine Red'
Aus was Elementen er besteht,
So will ich Euch auch deß' beineben
Nach meinem Wissen Botschaft geben:
Ein jung frisch Herz, ob auch vielleicht
Die Stirne bis zum Wirbel reicht;
Ein Herz, auf dessen Höh'n zumal
Trotz Taufschein und trotz Jahreszahl
Ein heller Johannisfeuerschein
Den Frühling allzeit leuchtet ein;
Ein Herz, bis zum seligen Ende jung,
Schwelgend in Rückerinnerung
An Alles, was es genoß und liebte,
In dessen geheimnißvoller Krypte
Dem kleinen Gott, den Ihr Alle kennt,
Eine flammende ewige Lampe brennt;
Ein Herz — wenn die Dirne minnig ist —
Das auch zuweilen leichtsinnig ist,
Doch um so tieferen Ernstes wägt,
Was da der Freundschaft Namen trägt!

Dabei ein Verständniß und Glauben frumm
An des Wohllauts heil'ges Mysterium,
Rhythmus im Leben und im Liede,
Rhythmus im Wort und im Gemüthe;
Ein wunnesam Gefühl vor Allen,
Als ließe Gott selber sein' Stimm' erschallen
Bei Einem Worte, deß Erklingen
Die Seele hebt, und ihre Schwingen
Wie eines Adlers Flügel spannt, —
Beim heil'gen Worte: Vaterland! —
  So geht denn hin, — Ihr wißt nun fein,
Wie Euer Haus bestellt muß sein,
Daß über seiner Firste Höhe
Pfingstfestlich die Feuerzunge stehe,
Die da verkünde aller Welt:
Dem Geist der Dichtung ward dies Haus
                                     bestellt!
So geht denn hin, und machet nie
Das goldne Dichterwort zu Schanden:
„Die Formel hält uns nicht in Banden,
„Denn unsre Kunst heißt: Poesie!"